JN107043

明るくあたたかな空間に 暮らしをアップデート

リフォームは、現在感じている住まいの不満や不便を解決して、

よりよい暮らしへ導く手段だ。

本書では、これからリフォームを検討している人に向けて

豊富な事例や、リフォームの幅広い基礎知識をまとめた。

これまで暮らしてきたわが家で過ごす時間を、

これからさらに豊かな時間にするために

正しい知識を学び、最適なリフォームで暮らしをアップデートしよう！

CONTENTS

東海地方の
リフォーム事例 17件

プロの提案が詰まった施工事例を見ることがリフォームの第1歩だ。

愛知・岐阜・三重でおこなわれたリフォームの施工事例をご紹介。

LDKリフォーム、フルリフォーム、断熱リフォーム、各種設備交換リフォームなど、

お悩みに寄り添ったリフォームをお届け。

理想の住まいづくりや、お悩み解決の参考になるはず。

Index

キッチンとリビングを隔てていた垂れ壁を撤去し、オープンキッチンに。リフォーム後のキッチンは家族が行き来し、リビングと一体感のある空間となっている

家族がにぎやかに集う、
オープンカントリースタイル

Before

築21年、大切に使ってきたマイホームも少しずつ傷みはじめ、水まわりのリフォームが必要になってきたM様邸。キッチンとダイニングを隔てている壁を取り払い、リビングと一体感があって、家族やゲストたちがにぎやかに過ごせるLDKをご希望だった。わが家のマイスター桑名 大山田店では、暮らしの困りごとをヒアリングし、3Dパースを活用して仕上がりのイメージを提案した。提案のコンセプトは「魅せるキッチン」、そして「オープンカントリー」だ。工事では、リビングとキッチンを隔てていた垂れ壁を撤去し、ひとつながりのLDKに間取りを変更。その後、キッチンエリアの特別感を出すべく、壁はグレーのタイル調のクロスを、天井には明るい木目調クロスを縦貼りに施工した。リビングと同じ空間にありながら、「魅せるキッチン」として、そこに集う人たちの注目が集まり、カウンター越しに会話も弾む。キッチンリフォームと同時に、浴室と洗面台も木目を生かしたカントリー調のデザインでリフォームした。理想の形を追求していくことにより、こだわり満載のわが家が完成した。

以前よりぐんと明るくなったキッチン。リフォーム後は、娘さんと一緒に料理をする時間が増えたそう

広々リビングに家族が集う

タイル柄のクロスにWOODONEの無垢材の棚を取付け、奥様ご希望の「魅せるキッチン」を実現

今までどこか閉鎖的だったキッチンだが、リフォーム後はリビングまで見渡せて空間が1つになった。家族と顔を合わせて楽しく会話ができ、思い思いの時間を過ごしていても一体感が生まれる

水まわりを一新して暮らし快適

1階・2階の洗面台はWOODONEの美しい無垢材の洗面化粧台を設置。1階の洗面ボウルはラウンド形でおしゃれに

2階の洗面台。こちらの洗面ボウルはスクエア型に。ここの鏡も大きく使いやすさ抜群だ。照明や棚との相性もよい

浴室もキッチン同様に木目調の壁を選び、高級感のある仕上がりに。家族全員が快適なバスタイムを楽しんでいる

Before

DATA

リフォーム費用　約490万円

施工箇所…LDK、1階洗面室、2階洗面室、浴室
工事期間…8日間
築 年 数…約21年
家族構成…大人2人+子ども2人

リフォームを終えて

暮らしがとても快適になり大変うれしいです。理想のキッチンでお料理しながら娘と会話したり、お友達を呼んでお茶会をしたり。息子がSNSでリフォームについて投稿したら、「いいね」と高評価でした。家族の暮らしが快適になり、希望通りの仕上がりに感謝しています。

担当者より [わが家のマイスター桑名 大山田店 渡邊マイスター]

まずはお客さまのご要望1つ1つをしっかりとお聞きし、3Dパースを活用して仕上がりについて何度も確認を重ねてつくりあげました。その中でお客さまの理想を実現するためにさまざまなご提案をさせていただいたことも。お客さまの笑顔が私共の喜びでもあり、私の自信にもつながります。

愛知県名古屋市
Y様邸

マンション

RoomClip
優秀賞
500万円以下リフォーム部門
第3回 全国理想の住まいコンテスト

LDK リフォーム

間仕切りを取り払って開放的な空間へ。窓からの光が部屋の深部に差し込み、全体的に明るい印象に生まれ変わった

アート作品に囲まれた
開放的な北欧風スタイルの家

Before

ものが増え、生活感を気にしていたY様には大容量の壁面収納を。見せる収納と隠す収納を使い分けてすっきりとした空間に

家族構成の変化に伴って、「せっかくならこれからの暮らしにマッチする家にしたい」とリフォームへの夢を思い描くようになったY様。理想の暮らしをイメージしたところ、キッチンのお手入れがラクにできること、いつでも部屋の模様替えが楽しめるような開放的な空間にすること、これまでコレクションしていたアート作品や本を収納しやすくすることなど、具体的な希望がいくつも出てきたそう。そこで、わが家のマイスター豊田 挙母店では、間仕切りを排除した開放感あふれる空間を提案。ま

た排水・配管の老朽化も進んでいることから、リフォームのタイミングで取替え工事も実施した。見える部分は美しく、工事が終われば見えなくなってしまうインフラ部分も確実に工事をおこなって「長く住める家」へとリニューアル。リフォーム工事後、たくさんのお気に入りの家具やアート作品に囲まれて、新生活を楽しんでいるY様。少しずつ模様替えをおこなっては、気分転換をしながら過ごしているそう。壁や棚にはアート作品を飾り、好きなものに囲まれた暮らしが実現した。

好きなものに囲まれて
ミニマムに暮らす

リビングの床にはガス温水式床暖房を設置。室内の空気を汚さずエネルギー消費量も抑えられるエコな空間だ。クロスは落ち着いたペールトーンのブルーで統一。愛用品のソファと相まっておしゃれで清潔感あふれる印象に

キッチン設備は極力コンパクトなものを採用。アルミ製の小さな流し台兼作業台は、スタイリッシュな見た目とお手入れのしやすさがポイント。リフォーム後は趣味のキャンプギアを使った料理を楽しんでいるそう

玄関にもお気に入りのアート作品を飾るY様。飾り棚にも腰掛けにもなるカウンターはリフォーム時に取付けた

Before

After

PLAN
もとは、キッチンとリビングダイニングに和室と洋室の6畳2間が隣接。リフォームで間仕切りを取り払って、ひとつながりの大空間に。開放的なLDKなので部屋を自由に使うことができる

DATA
リフォーム費用　約**430万円**

施工箇所…LDK、洋室、トイレ、玄関
工事期間…1.5カ月
築 年 数…約44年
家族構成…大人1人

リフォームを終えて

期待以上に美しい仕上がりです。コンセントの配置や床の段差解消など、私が不便さに気が付かなかった部分も直してくださり、非常に暮らしやすいです。生活感が出ないようにと、女性担当者ならではの収納の配慮もうれしいものでした。これからもこの家でミニマムな暮らしを楽しみます。

担当者より［わが家のマイスター豊田 挙母店 望月マイスター］

リフォームの際、目に見える老朽化部分だけを取替えても、根本的な解決にならないケースが多々あります。せっかくの機会ですから、壁や床で隠れた部分も同様に老朽化が進んでいると考えてください。お客さまのニーズに合った快適なリフォーム提案を心掛け、引き続きがんばっていきます。

三重県桑名市
Y様邸

戸建て

RoomClip

特別賞

500万円以下リフォーム部門
第2回 全国理想の住まいコンテスト

LDK リフォーム

子育て世代のリフォームは子どもの成長
によってアップデートできるプランが大
切。工事終了後はご主人のDIY熱が高
まっているそう

和室の趣を残しブルックリン風に
床暖房リフォームも同時に実現

Before

「人が集まって輪になる家で、心地よく
暮らしたい」との思いで築35年の中古
住宅を購入したY様ご夫婦。いざ住みは
じめてみると、4人家族にはダイニング
キッチンが狭く、夏の暑さ、冬の寒さが
厳しいことに悩み、ゲストを招くことも
躊躇してしまう状況だった。そこでリ
フォームに踏み切り、憧れの「人が集ま
る家」を形にすることに。わが家のマイ
スター四日市 笹川通店では、空間の
イメージづくりに時間をかけた。昔なが
らの和風住宅の柱や梁をデザインに取
り入れ、和室を洋室にし、開放的な空間

に。レンガ調のアクセントウォールやイン
ダストリアルな雰囲気の照明をコーディ
ネートして人気のブルックリン風インテ
リアを演出した。また、毎日暮らす場所
だから四季を通じて快適な空間づくり
にもこだわった。足元からあたたかい床
暖房、素足で歩いても気持ちのよい無
垢フローリングと、毎日の生活をちょっ
と贅沢にできるアイテムも採用してい
る。施工後、訪れた友人たちからは「開
放感があってカフェのよう」と言われる
ことも多く、心からくつろげる愛着の湧
く住まいへと輝きを取り戻している。

和風住宅とブルックリンスタイルのインテリアを融合させた個
性的な内装。「WA（和＆輪）ブルックリンスタイル」と名付けた

キッチンから広がる
家族の暮らし

キッチンに立つ奥様は、カウンター越しに会話が弾む。また、背面の収納量が多く生活感のない空間をキープできる

キッチンの手元を隠す立ち上がり部分など、藍色のモザイクタイルで施工。おしゃれに見え、お手入れも簡単

キッチンからはリビング・ダイニングが一望でき、小さなお子さんを見守りながら家事ができる。またゲストを招いたときもキッチンとリビングの行き来が容易で、ゲストがキッチンに立つことも自然にできる

DATA

リフォーム費用　約440万円

施工箇所…キッチン、リビング
工事期間…14日間
築　年　数…約35年
家族構成…大人2人＋子ども2人

レストランのようなキッチン上部の棚とグラスホルダー。アイアンと古材調の木材を組み合わせてこなれた雰囲気に

リビングの床材はアッシュの無垢材を選んだ。無垢材は足裏の感覚も気持ちよく、味わい深く変化する様子も楽しめる

Before

After

リフォームを終えて

障子や襖の枠を、私たち家族も巻き込んでいただきながら一緒に塗装できたことは一生の思い出になりました。リフォーム前の家の面影を残しながらも、お部屋の個性が光る快適な空間に生まれ変わって大満足です！今後はDIYをしながら自分たちらしい住まいのカタチを追求していきます。

担当者より ［わが家のマイスター四日市 笹川通店 山中マイスター］

ニューヨークのレンガ倉庫街、ブルックリン風のインテリアを取り込んだ「WA（和＆輪）ブルックリンスタイル」のお部屋の住み心地はいかがですか？天井を解体し、丸太の梁を現したことで開放的な空間になりました。広いLDKでご家族と、そしてお仲間と笑顔あふれる時間をお過ごしください。

Works.04

愛知県名古屋市
I様邸

マンション

RoomClip
優秀賞
1000万以下リフォーム部門
第3回 全国理想の住まいコンテスト

🛋 LDK リフォーム

和室とキッチンの間仕切りを撤去し、ひとつながりのLDKへとリフォーム。和室部分は畳からフローリングへと床材を変更

Before

LDKを明るくあたたかな
ナチュラルスタイルへリフォーム

ご友人が立て続けにリフォームをおこなって快適に生活を送っている様子を見ていたら、自宅の住環境を整えたくなったというI様。「LDKをもっと広々とした空間にしたい」とお悩みだった。当初、大手のリフォーム業者に相談をしていたが、念のためわが家のマイスター港店で相見積もりを取ることに。担当の伊藤マイスターの人柄や、大手業者にはできないきめ細やかなサービスに魅力を感じ、同店に依頼することに決めた。リフォームのテーマは「広々リビング」だ。そのために、同店ではI様からリクエストがあった和室の撤去のほか、キッチンのつり戸や間仕切りをなくしたオープンスタイルを提案。3Dパースソフトを使って、I様に完成したときの間取りやインテリアコーディネートのイメージをわかりやすくプレゼンした。また、床の高さが、LDK、キッチン、旧和室とそれぞれ異なっていたため、床の高さ調整も実施してバリアフリーな空間づくりもおこなうことに。施工中、密に連絡を取り合って、細かい仕上がりまで納得できる内容となったI様邸。新居ではじまる、これからの新生活が楽しみだ。

マンションの角部屋にあるI様邸。キッチンからはリビングが一望でき、窓の外の景色まで楽しめる

こだわりの
インテリアコーディネートで
気持ちのよい空間に

I様がこだわった明るい木目調の床に合わせて、建具の色を「クリエペール」で統一。どんな家具や調度品にもあう、あたたかみのある空間が誕生した。床の段差もなくしてバリアフリー空間も実現

もともと和室の押し入れだった箇所は、折れ戸タイプの白い建具を取付けてクローゼットとして活用。押し入れならではのたっぷりとした奥行を生かし、収納家具をうまく配置しながら使いやすいようにアレンジしている

窓が多く、光に恵まれた明るいLDK。リフォームで開放的な空間をつくったことで、より明るく気持ちのよい空間に

Before　After

玄関や廊下も内装工事をおこない、インテリアを統一。どこから見ても新築のよう

DATA

リフォーム費用　**約600万円**

施工箇所…玄関、各部屋ドア枠取替え、
　　　　　廊下、トイレ、LDK
工事期間…約6週間
築 年 数…約25年
家族構成…大人1人

リフォームを終えて

私の要望に耳を傾けて、ていねいに対応してくださった伊藤マイスター。3Dパースを使ったプレゼンはわかりやすく、とてもワクワクする時間でした。不安なく工事をお願いできたのもこの説明があったからです。納得のいくリフォームができ、オープンな空間で暮らしを楽しんでいます。

担当者より [わが家のマイスター港店 伊藤マイスター]

このたびはご依頼いただきましてありがとうございました。I様のご要望が明確だったため、ご希望の床材に合わせてアクセントクロスや建具をコーディネートできました。私にとってはI様と一緒につくりあげた思い入れのあるLDKリフォームです。これからの暮らしをお楽しみください。

フルリフォーム

RoomClip

優秀賞

1000万以上リフォーム部門
第3回 全国理想の住まいコンテスト

定年後のご夫婦の暮らしを
スタイリッシュな空間で

長年、愛着を持って暮らしている住まいもライフスタイルの変化によってアップデートが必要になる。K様邸もその中の1つで、「定年後の夫婦がもっと住みやすく、好みのインテリアに囲まれた家で暮らしたい」と願ってリフォームを決意した。K様邸は築25年、ちょうど水まわりの傷みが気になるタイミングだった。知り合いからの紹介でわが家のマイスター四日市 笹川通店に相談。キッチン、トイレ、お風呂、洗面室、水まわり4点を中心に、「スタイリッシュ」をコンセプトにリフォームを計画した。ご夫婦2人が互

いの気配を感じながらも快適に過ごせるよう、リビングは仕切りを取り払ってワンフロアに。お孫さんたちが集まったときも、みんなで食事や会話ができる空間をイメージして、キッチンからリビングが見渡せる大空間を実現した。K様のご希望だったスタイリッシュなインテリアを目指して、内装材の打ち合わせには3Dパースで仕上がりを確認。グレーを中心にモノトーンの落ち着いたカラーリングで全体をコーディネートした。生まれ変わった空間で、大家族が集い、団らんをする姿がイメージできる。

キッチンの垂れ壁や間仕切りを取り払い、一体感のある空間へ。ダイニングには奥様ご希望の壁掛けテレビを設置した

Before

キッチンにはリビング側からの表動線と、玄関に近い裏動線がある。重い荷物は短い動線で玄関から直接キッチンへ

テレビボードの背面にはダークカラーのエコカラットを採用した。エコカラットを照らす照明は、素材の質感を美しく表現してくれる

テレビ上部には間接照明を取付けて、落ち着いた空間を演出。夜になると天井のダウンライトを消して、間接照明だけで過ごすことも。やさしい暖色系の光が、昼間とは違った雰囲気で心身をリラックスさせてくれる

暮らしを快適にする 水まわりリフォーム

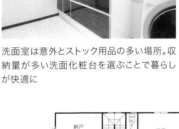

洗面室は意外とストック用品の多い場所。収納量が多い洗面化粧台を選ぶことで暮らしが快適に

玄関の正面に飾り棚を取付けた。ここにも質感のよいエコカラットと照明を組み合わせ、視線が集まるアクセントをつくった

1階、2階のトイレを入れ替え。クロスはご主人、奥様がそれぞれ選び、好みの空間に仕上がった

システムバスのアクセントパネルにはダークブラウンと大理石調を組み合わせリッチな雰囲気に

Before 2F

After 2F

DATA

リフォーム費用　約**1,000万円**

施工箇所…LDK、2階洋室4部屋、玄関、廊下、浴室、洗面室、トイレ
工事期間…1カ月
築　年　数…約25年
家族構成…大人2人

PLAN

これまでのキッチンは、仕切りがあり閉塞感がある空間だった。リフォームでは、キッチンとリビングの間仕切り戸を取り払って開放的に。さらに玄関、キッチン、リビング・ダイニングの動線を見直して回遊性のある間取りを実現している

Before 1F

After 1F

リフォームを終えて

長く住んでいるマイホームですので、リフォームでは不便に感じていたことをすべてお伝えいたしました。担当の渡邉マイスターはイメージしやすいよう3Dパースを使ってていねいに説明してくださいました。細部まで行き届いたお心遣いがうれしく、イメージ以上の仕上がりに大変満足しています。

担当者より [わが家のマイスター四日市 笹川通店 渡邉マイスター（現・桑名 大山田店）]

変化していくライフスタイルに合わせた住まいのつくり方を、お客さまの目線でご提案させていただきました。リビング側とキッチン側のクロスを分けることでリビングとキッチンの空間が違った形で楽しめるようになったかと思います。すてきなお住まいで新しい暮らしをお楽しみください。

Works.06

愛知県名古屋市
A様邸

マンション

RoomClip
特別賞
1000万以下リフォーム部門
第3回 全国理想の住まいコンテスト

フルリフォーム

素材や照明にこだわり
ワンランク上のLDKへ

以前、わが家のマイスター港店でリフォーム工事をしたお客さまからの紹介で、問い合わせたというA様。リフォームの話が進んでいくうちに、間取りからインテリアまで多岐にわたって悩みを抱えていることがわかり全面リフォームに踏み切った。

リフォームではできる限り一体感のあるLDKに仕上げるため、部屋中の仕切り（垂れ壁、袖壁）や天井の折り上げ部分を限界まで撤去。すっきりとした見た目を整えるため、建具は天井高まであるハイタイプをチョイスした。キッチン前に位置するダイニングは、家具職人にカウンターとテーブルをオーダーし、部屋にぴったりと合ったものをあつらえた。また、内装に使ったクロスやエコカラットは奥様の好みをヒアリングして同店から提案。白を基調としたコーディネートの中に、さわやかなブルーのアクセントクロスでメリハリをつけている。リフォームで特にこだわったのは照明計画だ。ダウンライト、間接照明、ペンダントライトとその場所にふさわしい照明を取り入れたことで、ワンランク上の高級感あふれる住まいが完成した。

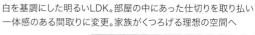

白を基調にした明るいLDK。部屋の中にあった仕切りを取り払い一体感のある間取りに変更。家族がくつろげる理想の空間へ

Before

システムキッチンも白を選び、部屋の内装と合うようコーディネート。対面式なのでキッチンにいながら家族との会話も弾む

質感を生かした
リッチな内装材で
コーディネート

Before　　　　After

PLAN

和室をなくしてLDKを拡張すると同時に、ウォークインクローゼットを新設。キッチンは仕切りを取り払ってオープンキッチンへと変更した。キッチン周辺は造作工事をおこなった

DATA

リフォーム費用　約600万円

施工箇所…玄関、廊下、和室（6畳）、LDK
工事期間…約3週間
築 年 数…約24年
家族構成…大人2人

家の第一印象を決める玄関は壁面にエコカラットを使って高級感ある仕上がりに。タイルの質感が印象的な雰囲気をつくりあげる

視線が集まるテレビボードは柔らかな間接照明と凹凸のあるエコカラットがポイント。壁面の陰影が美しく、視線の集まる部分にふさわしいデザイン

リフォームを終えて

キッチンの背面収納やダイニングの壁面収納など、大容量の収納を備えることができて安心です。家電の配置に至るまで相談して、アイデアを出し合いました。私たちの希望に沿う形で提案していただき、心のこもった対応に感謝しております。

担当者より [わが家のマイスター港店 木崎マイスター]

お話を進めていく中で、お客さまのご要望が明確になり、ご希望をかなえられるようにリフォーム工事をさせていただきました。間取りの変更から、家具、建材の選定、照明器具のデザイン提案まで、信頼してお任せくださりありがとうございます。ぜひ新しい家の住み心地もお聞かせください。

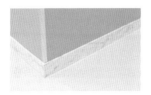

壁と床の取り合い部分に取付ける「巾木」もこだわりの素材をセレクト。大理石調でリッチに

エコカラットとは、防臭・調湿効果のあるタイル調の高機能壁材。インテリアのワンポイントに便利

断熱リフォーム

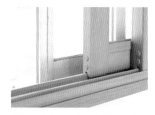
Before

内窓を設置して
性能向上
リフォームを実現

ヒートショックによる事故は、あたたかいリビングと比較して、廊下やトイレ、浴室の温度差が大きなことが原因だ。築43年のA様邸も室内の温度差に悩むご家族。わが家のマイスター各務原店では、室内の温度環境を一定にするために、工事をする部屋のすべての窓に断熱対策をおこない、家の中心部であるダイニングキッチンには床暖房を設置することを提案。この工事をおこなったことで、ダイニングに隣接した洗面室、浴室、トイレとの温度差も解消し、ヒートショックの心配もなくなった。同時にトイレ、浴室、洗面室の工事をおこなって設備を入れ替え、段差をなくしてバリアフリーの空間も実現。こうして一年を通して快適で暮らしやすい空間へと生まれ変わった。

暖房の効いたダイニングキッチンから扉ひとつでこの水まわり空間へ。窓には断熱対策を施し、浴室暖房機を設置。入浴時の急激な温度変化から体を守る

洗面室とトイレ、浴室へは奥の扉から。区切っていた廊下の壁を撤去してDKが広くなった

冬場は寒かったトイレと脱衣室には内窓を設置。おかげで断熱性能が格段に向上し、省エネにも貢献

担当者より
[わが家のマイスター各務原店 浅野マイスター]

せっかくのリフォームなのできれいにするだけでなく快適に過ごせる空間を提案しました。小さなお子さんやご年配の方にもやさしくあたたかく、バリアフリーな住まいに仕上がりました。

DATA

リフォーム費用　約630万円

施工箇所…ダイニング、キッチン、トイレ、洗面室、浴室

工事期間…2カ月

築 年 数…約43年

家族構成…大人2人+子ども2人

断熱リフォーム

クリナップのオールステンレスのキッチンを採用。キッチン正面はマグネットが使えるパネルで仕上げた

Before

Before

A様邸の断熱工事は「内窓設置工事」。リフォーム後は外の気温の影響を受けにくく、エアコンの効率がアップ

既存窓と内窓の間に空気層ができることで、断熱材の代わりとなる

受験生やご年配の方の部屋など、過ごす時間が長い居室も内窓で快適に

内窓設置工事で
エアコン効率のよい
快適な部屋へ

キッチンの水栓が故障していたことから、キッチンの取替え工事を依頼したA様。以前から付き合いがあった、わが家のマイスター千種 猪子石店の岡本マイスターに相談した。リフォーム工事前のヒアリングを重ねるうちに、冬の寒さや夏の暑さに悩んでいることも明らかに。冬場は窓の近くへいくと寒さが忍び寄り、窓枠には結露がびっしりと付く。結露は放っておくとカビになることから、毎年、冬場の拭き掃除に手間がかかっていた。そこで、内窓を設置する断熱リフォームを提案。リビングだけでなく、洋室にも内窓を付けたことで、過ごしやすい室内環境へと変化した。キッチンの取替え工事と断熱工事を同時におこなったことで、快適な住環境を体感している。

担当者より
[わが家のマイスター千種 猪子石店 岡本マイスター]

A様、住み心地はいかがでしょうか? ここ数年は健康や環境保全の面から断熱工事が注目されています。内窓を付けた快適な室内環境でアクティブにお過ごしください。

DATA

リフォーム費用　約**220万円**

施工箇所…リビング、洋室、キッチン
工事期間…1週間
築 年 数…約27年
家族構成…大人2人

外壁・断熱リフォーム

外壁は明るいブラウンを基調に、窓枠を白く囲っておしゃれに。ダークカラーに塗装した雨どいがデザインの引き締め役

ホームインスペクションで
住宅の健康診断を実施

当初はキッチンのレンジフードとコンロ、洗面台の取替えリフォームで相談をしていたT様。打ち合わせを重ねる中でホームインスペクション（住宅の健康診断）を実施することになった。ホームインスペクションとは、建物のコンディションを正しく診断・把握する業務で、建築士資格を持ったマイスターが担当。すると、外壁以外にも、住宅の劣化部分を確認できたため、この機会に補修をすることにした。加えて、長く暮らすことを見据えて住宅性能を向上させる長期優良化リフォーム（住宅の長寿命化や省エネ化につながるリフォームのこと）を進めることになった。リフォーム後、劣化した外壁と玄関ドアは再塗装によって見違えるような美観を取り戻した。リビングの大きな掃き出し窓には内窓を取付けて断熱性能をアップ。給湯器はエネファーム（家庭用燃料電池）へ交換して、省エネ性能向上に貢献している。キッチンのリフォームや、浴室暖房を設置する工事などもおこない生活は一段と快適に。こうして安心と快適を備え、長期に渡って高い性能を維持する住宅へと変化を遂げた。

Before

石積風のサイディング壁とアンティーク調の玄関ドアは相性抜群。新築当時の雰囲気がよみがえった

さまざまな素材ごとに正しい施工をおこない新築同様に

Before

施工前の木製玄関ドアは色もあせ、艶も失われていた。外壁の塗装に合わせたていねいな塗り直しにより、新品のような艶と輝きが。必要な施工を正しくおこなうことで、互いに引き立てあい美しさが増す

ホームインスペクションで劣化がわかった外壁は塗装を施した。長年風雨や紫外線から建物を守ってくれたからこそメンテナンスはしっかりと。経年劣化がカバーされ、美観も大幅に向上した

断熱工事はポイントをしぼって効率よく

Before

熱の出入りがもっとも多い窓は断熱の要。大きな掃き出し窓に内窓を取付け、部屋全体の断熱性を向上させた。内窓の効果は遮音、結露の軽減など幅広い

DATA

リフォーム費用　約470万円

施工箇所…キッチン、洗面台、外壁・玄関ドア
工事期間…2カ月
築　年　数…約18年
家族構成…大人2人＋子ども1人

リフォームを終えて

初めは必要な箇所だけを交換するつもりでした。でも気になっていた外壁について質問したら建物全体を調査してはどうかとマイスターから提案が。よい機会だからとお受けしました。いずれは必要になるメンテナンスですし、外観もきれいになり省エネも実現して、依頼して本当によかったです。

担当者より ［わが家のマイスター各務原店 浅野マイスター］

ホームインスペクションでは住宅全体の診断ができるので、ご自身では気づきにくい劣化や、将来的なコストメリットを含めた視点でご提案が可能です。今回は住宅性能を上げ、劣化対策も含めて工事をすることにより、長期間にわたって高い性能を維持する住宅にリフォームすることができました。

キッチンリフォーム

会話が弾む
明るく開放的な
憧れの白いキッチン

キッチンの食器乾燥機の故障を機に、築30年になるご自宅のキッチンのリフォームを決意したO様。SNSで見つけたというペニンシュラキッチン。長年の憧れだったオープンスタイルにして今より明るくしたいとのご要望があった。わが家のマイスター岡崎北店は思い切って垂れ壁を撤去して開放的な空間を提案。当初は知人の紹介で別の会社に見積もりを依頼したO様だったが、折り込みチラシがご縁でつながった同店の提案が気に入ったとのこと。まぶしいくらいに明るくなったキッチンでは、料理中も家族との会話が楽しめるようになったとうれしそう。奥様の趣味のハンドメイド作品が見事に映えるすてきなLDKができあがった。

キッチンとリビングを仕切る垂れ壁を撤去すればこんなに明るく。リフォーム後は透明なキッチンパネルをセレクト。明るさはそのままで汚れは飛び散らない

Before

こだわって選んだペンダントライトはキッチンの雰囲気にぴったり。空間のアクセントに

新調したカップボードは使いやすい引き出しタイプ。赤でそろえた手持ちの家電がすっきりと収まった

担当者より

[わが家のマイスター岡崎北店 石川マイスター]

お客さまの要望をしっかりヒアリングすることでよい提案ができました。カウンターチェアが小学生のお孫さんのお気に入りだそうで、すてきな空間づくりのお手伝いができました。

DATA

リフォーム費用　約200万円

施工箇所…キッチン
工事期間…5日間
築 年 数…約30年
家族構成…大人2人

キッチンリフォーム

目を引くのはシックなブラックのシステムキッチンと、柱のレンガ模様のクロス。施工前と比べると、黒のおかげで白も引き立ち逆に明るく感じられる

Before

必要な機能だけを選び スタイリッシュな コンロレスキッチンへ

築30年、扉などに修繕の必要が生じて取替えを依頼したI様。打ち合わせを進めていくうち、せっかくの機会を生かしてキッチンやクロスも新しくし、おしゃれで好みの空間にしたいとリフォーム意欲が湧き出てきたそう。奥様はもともと料理が得意で、流行の電気調理鍋をフル活用して手の込んだお料理を手際よくつくるスタイル。既存のビルトインコンロは年2〜3回程度しか使用しないこともあり、ここで思い切って撤去し「コンロレスキッチン」にすることに。効率よく家事をおこなえるよう最新のシステムキッチンを導入し、抜群の収納力と機能性を確保。キッチンの印象的な黒にアクセントクロスで、スタイリッシュな空間に仕上がった。

作業台にこだわりの調理器具を並べてすっきりと。コンセントは違和感のないよう黒で統一

引き戸の横の壁には石積み模様のクロスを。クロスを上手に使い分けて好みの空間に

担当者より
[わが家のマイスター岡崎北店 大平マイスター]

お部屋で動画配信するため明るい雰囲気をご希望でしたので、全体のバランスを考えながらアクセントクロスを配置しました。LDKの雰囲気を一新させる空間に仕上がりました。

DATA

リフォーム費用　約220万円

施工箇所…キッチン、リビング
工事期間…5日間
築 年 数…約30年
家族構成…大人2人+子ども1人

水まわり・内装リフォーム

2階の洗面室は、ヨーロピアン風のインテリアに挑戦。洗面室正面入り口をアーチ型にすることでエレガントな雰囲気に

1階に新設したトイレは最新型のタンクレストイレを選んだ

1階の浴室横につくった洗面室。トップライトから自然光が入る明るい空間

もともと2階にあった浴室を1階に移動したことで、洗面化粧台も同時に新設。浴室も洗面室もゆとりがある広々としたプランにしている

Before

コンパクトな浴室から、足を伸ばせるユニットバスへリフォーム。最新設備機器を導入し快適さを追求

水まわりに最新設備機器を導入し
一段と快適な暮らしがはじまる

浴室の水栓が壊れたことがきっかけで、わが家のマイスター天白店に問い合わせたA様。ヒアリングをしていくと、水栓の水漏れだけでなく、「浴室を広くしたい」というご要望があることがわかり、間取り変更などのプランを立てることになった。これからのご夫婦2人の暮らしを視野に入れ、A様邸では2階から1階へと浴室を移動し、水まわりを1階に

まとめるプランを提案した。念願の浴室は、1.25坪（1620サイズ）タイプのユニットバスを選び、さらに「マイクロバブルバス」や浴室暖房乾燥機も導入。マイクロバブルバスは、目に見えないほどの微細な気泡が入った水で、お湯につかるだけで毛穴の汚れが落ちやすくなったり、体が芯からあたたまったりするなどの美容効

果が期待できる最新機器だ。リフォーム後は奥様が好んで使っているそうだ。またこの浴室移動工事に合わせて、洗面化粧台を新たに取付け、トイレも取替えるなど、水まわりを一新した。水まわりを中心に玄関ホールの内装リフォームを同時におこなったA様邸。目に映るインテリアで気持ちが上向きになる、上品な空間が完成した。

こだわりの内装リフォームは3Dパースでイメージを膨らませて

間取り図だけでは伝わりにくい住宅の完成形をより具体的にシミュレーションしている

増築やエクステリア工事もお任せあれ

1階には、トイレをつくるための増築工事を実施。もともと勝手口があった場所なので、使い勝手が変わらないよう施工前と同様に勝手口もつけている

A様邸の象徴的な広い吹き抜けの玄関ホール。A様邸のエレガントなデザインに合わせて、3Dパースを使いながらデザインを具体的に提案した。「仕上がりのイメージがわからない」という不安を解消

リフォームを終えて

このたびはすてきな家にリフォームをしてくださってありがとうございました。伊勢マイスターがおっしゃるように水まわりが近くに集まったことで暮らしやすいです。次はダイニングキッチンのリフォームをお願いいたします。

担当者より [わが家のマイスター天白店 伊勢マイスター]

私が描いたスケッチでイメージを膨らませていただき、すぐに浴室の移設工事を決めてくださってありがとうございました。私のイメージとA様の「やりたいこと」が合致した瞬間、本当にうれしかったです。次のリフォームもお任せください。

Before

PLAN

1階のトイレがあった場所に浴室を移設。トイレは新たに増築し、床面積を増やした場所に設置した。キッチン、トイレ、浴室、洗面室と水まわりが集まったことで暮らしやすい間取りが完成した

After

DATA

リフォーム費用　約1,400万円

施工箇所…間取り変更、増築、浴室、トイレ、
　　　　　洗面室、内装、窓
工事期間…3カ月
築　年　数…約34年
家族構成…大人2人

キッチン・水まわりリフォーム

石積み調のクロスが印象的な洗面室。「別世界にいるように見違える空間です」と、I様も感激している。洗面化粧台や内装を変えることで、気分よく身支度ができる

水まわりを大人ラグジュアリーな空間へ改装

洗面化粧台の水栓の調子が悪くなったことがきっかけで、水配管経路を見直すことになったI様邸。築20年が経過していたことから、トイレ、お風呂、キッチン、洗面化粧台のすべてを一気に取替えることに。リフォームを相談したわが家のマイスター豊田 元城店にはガス工事などを依頼した経緯があり、真っ先に相談したという。

新築時は明るい色合いのインテリアだったが、今回のリフォームではラグジュアリーな雰囲気のダークカラーに統一。不調の原因である水配管も修繕して快適な暮らしが蘇った。I様からは「細かい要望も聞き入れてくれてありがとうございました」と喜びのコメントも届いている。

間接照明が美しいトイレ。毎日使う場所だから細部にまでこだわった

浴室は、1日の疲れを癒やすのにぴったりの落ち着いた空間に

キッチンはワークトップを黒の大理石調にするなどダークカラーに統一

担当者より

[わが家のマイスター豊田 元城店 外薗マイスター]

I様がイメージされているデザインに応えるべく、おしゃれなカフェをめぐって色使いを勉強。私にとって、たくさんの経験を積ませていただいた思い入れのあるリフォームです。

DATA

リフォーム費用　約**300**万円

施工箇所…キッチン、ユニットバス、
　　　　　洗面室、トイレ

工事期間…2週間

築 年 数…約20年

家族構成…大人2人

トイレリフォーム

1日で完成!
トイレ交換工事は
スピーディーに

トイレの水漏れがきっかけでトイレ工事を検討していたI様。せっかく工事をするのなら、とトイレリフォームについてリサーチを重ねていたという。わが家のマイスター小牧店にて、展示されていたタンクレストイレや、防臭・調湿効果があるエコカラットに興味を持ち、トイレ工事を依頼。トイレの交換工事をする際は、通常、便器を取り外しておこなうため、使えない不便な期間が発生することもあるが、同店ではトイレの取替え工事や内装工事などすべてを1日で完結。トイレが使えない不便な期間は最も短く、見違えるようにおしゃれで機能的な空間へとリフォームした。工事後は、トイレ内に小さな手洗いを設け、ペーパーホルダーを2連にするなど便利さもアップした。ブルーのエコカラットが象徴的だ。

Before

トイレの壁に設置したエコカラットは、アート作品のようなデザインも豊富。機能性、デザイン性がともに高く、あらゆるシーンで取り入れられている。お手入れは水拭き掃除が可能

あっという間に、暮らし快適
1Dayリフォーム

暮らしのお困りごとは短時間のリフォームで解消しよう。工事期間が短い分、比較的低コストで工事ができる。

1Dayリフォームの一例

玄関・勝手口
ドア取替え

内窓設置

トイレ取替え

洗面化粧台
取替え

クロス貼替え

畳からフローリング
に張替え

※現場の状況によって施工期間は異なる場合も。詳しくはリフォーム会社に確認しよう

担当者より
[わが家のマイスター小牧店 柴田マイスター]

ブルーのモザイク柄がすてきなトイレ空間が完成しました。エコカラットは臭いを吸着してくれるので、気持ちのよい空間が続きます。お困りごとがありましたらいつでもご相談ください。

DATA

リフォーム費用　約55万円

施工箇所…トイレ
工事期間…1日
築 年 数…約15年
家族構成…大人2人

ホームランドリーリフォーム

Before

ホームランドリーで
毎日の洗濯を
簡単、便利、快適に!

コインランドリーで使った「ガス衣類乾燥機」の使用感に感激したO様は、自宅にも設置したいと考え、ホームランドリーリフォームを検討するようになった。たまたま新聞折り込みチラシで目に留まったわが家のマイスター西区 小田井店に問い合わせ、現場調査のていねいな対応に安心し同店に依頼。O様邸は築15年、まだまだ浴室や洗面台は使える状態だったが、「せっかくリフォームをするのなら」と、思い切って設備も交換することに。ガス衣類乾燥機の設置工事では、通常、壁に穴を開けて配管を通すことが多いが、同店では壁に穴を開けず、配管が見えない施工方法を実施。プロならではの工夫が光るリフォームが完成した。

洗濯は毎日の仕事だからできるだけ簡単にできるほうがいい──。家事ラク対策におすすめの設備機器がガス衣類乾燥機だ。乾燥時間が短く、しかもタオル類がフワフワに仕上がる

床材はお掃除しやすい大理石調のフロアタイルを採用。内装リフォームも同時におこなっている

洗面脱衣室とつながる浴室もシステムバスを交換。新しい空間でリラックスタイムが楽しめる

担当者より

[わが家のマイスター西区 小田井店 加藤マイスター]

「見積もりや要望変更への対応が素早くて信頼できました」と言っていただき光栄です。ガス衣類乾燥機ならではの"フワフワなタオル"に包まれて、幸せな時間をお過ごしください!

DATA

リフォーム費用　約280万円

施工箇所…浴室、洗面室
工事期間…2週間
築 年 数…約15年
家族構成…大人2人+子ども1人

PLAN 間取り変更・キッチンリフォーム

小さく仕切られた部屋から大空間に工事をするときには空調の効きにも注意したい。K様邸では、効率よくエアコンが稼働するように空間を仕切れる引き戸も設置した

Before

まるで家族の司令塔
すべてが見渡せる
キッチンへ間取り変更

もともとダイニングキッチンが薄暗く、窓からの光が差し込む明るい空間にしたいと要望があったK様邸。また、壁向きのキッチンはリビングに背を向けて家事をするためペットがリビングにいることが見えず、すべてが見渡せるキッチンにしたいという憧れがあった。そこで、リフォームの相談を受けたわが家のマイスター岡崎南店では、リビングとダイニングキッチンの間の壁を取り壊し、LDKを一体にするプランを提案。家の構造的に撤去できない大切な柱は、デザインに生かしてリフォーム工事をおこなうことに。耐震性能を保ちつつ、築30年の家の間取りや内装を変更したK様邸。明るい日差しが入り込む空間へとリニューアルした。

オープンスタイルのキッチン。並んで調理をすることもできる

壁側にはキッチンの下台と同じ木目模様のカップボードを取付けた。食器類はもちろん、リビングに必要なものの収納場所としても活用可

担当者より
[わが家のマイスター岡崎南店 天野マイスター]

LDKが一体になったことで明るい空間になりました。また、家族の存在を感じて安心しながら、思い思いの時間を過ごせるかと思います。このたびはご依頼ありがとうございました。

DATA

リフォーム費用　約430万円

施工箇所…キッチン、ダイニング、
　　　　　リビング
工事期間…3週間
築 年 数…約30年
家族構成…大人3人

PLAN 　間取り変更・キッチンリフォーム

家族構成に沿って暮らしやすい家や間取りは変わってくる。
リフォームではご夫婦2人の暮らしに合った、コンパクトな
キッチンやカウンターを提案

Before

老後を見据え
ご夫婦の暮らしを
ワンフロアへ

子どもが巣立ち、ご夫婦の老後を考えるようになったK様。寝室が2階にあるため、将来的に階段の上り下りで困らないよう、1階で寝ることも食べることも完結するワンフロアの生活を望んでいた。リフォームの際には「本当に暮らしやすい住まい」を検討。ご夫婦2人のライフスタイルをイメージし、キッチンはカウンターテーブルで食事をとるコンパクトなスタイルに変更することで、開放的なリビングが誕生した。またリビングは大空間としても、部屋を2つに区切っても使うことができるように3枚の引き戸を設置。窓は家の躯体に合わせて縦型のスリット窓を採用し、光が差し込む明るく気持ちのよい空間になった。

広々とした空間は仕切って使うことで用途が広がる。3枚
引き戸は開けたときに壁に収納することができ、見た目も
すっきりと納まる

カウンターテーブルは収納棚
と兼任。造作工事でつくった

Before

After

担当者より
[わが家のマイスター豊田 挙母店 望月マイスター]

ご要望をヒアリングさせていただく中で「どこで食事をするか」などリフォーム後の生活スタイルをイメージしながら間取りを見直しました。ご依頼ありがとうございました。

DATA

リフォーム費用　約330万円

施工箇所…LDK
工事期間…20日間
築 年 数…約40年
家族構成…大人2人

これだけ知っておけば大丈夫

リフォームの「教科書」基礎講座13のテーマ

「リフォームをはじめたい！ でも何から手を付ければいいかわからない」
そんな人のために、リフォームを検討するにあたって
押さえておきたい13のテーマをまとめました。

より機能的で、安全にスマートに。収納スペースもたっぷり。

デザインに一目惚れしたというTOYOキッチンを採用。奥行きがありスペースを広々と使えるのも魅力

「毎日立つ場所だから」システムキッチンの見直しで快適な空間へ

キッチンの悩みで多いのが、掃除と収納に関することだ。「調理器具がごちゃごちゃしてあふれかえっている」、「取り出しにくい」、「排水口の汚れが気になる」、「レンジフードの掃除が大変」など読者の方も思い当たる節があるのではないだろうか。料理は毎日のことだからこそ、快適でストレスフリーな使い勝手を手に入れたいところ。

最新のシステムキッチンは、毎日キッチンに立つ主婦へのアンケートをもとに、掃除のしやすさ、大容量の収納、どこに何を収納したら使い勝手がいいかなどを徹底的に研究・改良した商品開発をおこなっている。キッチンを入れ替えるだけでも家事の負担は大きく減るだろう。

また、家事動線や意匠性にもこだわりたい。タイルや壁付け収納をうまく活用して見た目でも楽しめるキッチンへ。デザイン性の高いキッチン選びから照明のコーディネートまで、インテリアとの組み合わせも計画すれば、「ワクワクする」空間をつくることができる。

Before
昔ながらの古い型のキッチン。照明も暗い

よくある悩み〈キッチン編〉

- ●大きなお鍋が洗いにくい
- ●調理スペースがほしい
- ●レンジフードのお掃除が大変
- ●排水口がヌメる
- ●奥に収納したものが取り出しにくい
- ●収納が少ない

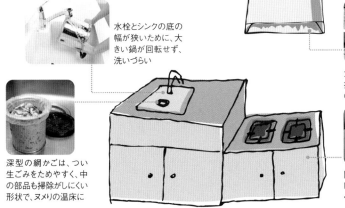

水栓とシンクの底の幅が狭いために、大きい鍋が回転せず、洗いづらい

深型の網かごは、つい生ごみをためやすく、中の部品も掃除がしにくい形状で、ヌメリの温床に

大掛かりなレンジフードの掃除は、年末の大掃除のときだけということも

開き扉の場合、奥に収納したものが取り出しにくく、上にデッドスペースが

最新設備から注目の便利機能

ごみは少し溜まったら
ポイッと捨てるだけ

浅型でごみが集まりやすい形状の網かごだから、こまめに捨てる習慣ができ、汚れがたまりにくい。排水口もシンプルな形状でお手入れ簡単

作業がスイスイこなせるのは
水栓とシンクに秘密が

水がパッと勢いよく広がる幅広シャワーの「水ほうき水栓」と、シンクの中の野菜くずなどが滑り台を滑るように排水口へ流れる「すべり台シンク」。この2つの機能で作業効率アップ

なめらかな美しさ
＝掃除が簡単

コーキングのつなぎ目や段差をなくし、汚れるエリアのお手入れを簡単に。見た目の美しさも魅力

掃除が面倒なレンジフードが
普段の掃除も簡単に

フィルターのない「ゼロフィルターフード」は掃除が簡単。普段の掃除は整流板の表だけ。そして1カ月を目安に整流板を開いて無理なく掃除が可能

壁面いっぱいに据え付けた
収納ですっきり

開閉に場所を取らない大型引き戸の壁面収納ですっきり

あれこれ探しながらの調理から卒業
すいすい取り出せる収納がカギ

引き出しが1度で2段引き出せて一目瞭然。それに必要なものがしかるべき場所に収納できスムーズに取り出せる

キッチンの基本的4パターン

キッチンの使い勝手は、キッチンの形、冷蔵庫や食器棚との位置関係、リビングとのつながり方などに大きく左右されます。「家族と会話しながら料理したい」「キッチンはお客さまから見えないようにしておきたい」など、ライフスタイルにあわせたレイアウトを選ぼう。

［対面オープン型］

家族とコミュニケーションをとりながらお料理やお片付けができるので、特に小さなお子さんのいらっしゃるご家族に人気のキッチン。ただし、対面型にするにはLDKにある程度の広さが必要。スペースの都合上、完全な対面型にできない場合でも、L型キッチンや壁付けI型キッチンの配置を工夫することで、コミュニケーションのとりやすいキッチンを実現することができる。

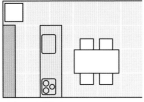

一般的な対面キッチン

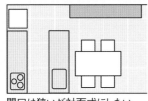

間口は狭いが対面式にしたい
（Ⅱ型：セパレート）

［壁付け型］

どんなお部屋にも配置しやすいので、キッチンリフォームでは多い形。お部屋を広く使えるというメリットがある。
ただ、冷蔵庫や食器棚、家電類の配置をよく考えておかないと、家事動線が長くなってしまうので注意が必要。

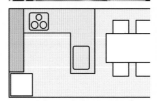

間口が狭い場合（L型で対面）

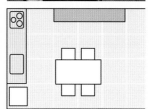

部屋は広いが、動線が長い例

食卓にソファに、笑顔が集まる。家族の団らんをあたたかく演出。

センスが光る極上ナチュラル空間

　「子どもたちが日常的に植物に触れながら四季を感じられる家を」、「趣味の革細工が楽しめるアトリエが欲しい」という要望のもと、注文住宅、建売、中古物件リノベーションと、数パターンで検討していたK様ご夫婦。1年以上かけて物件を探していたところ、この物件に巡り合った。

　担当者に実際の物件を見てもらったところ、築41年にしてはしっかりした構造の家だと言われ、構造体の工事は耐震補強のために筋交いや数本の柱を入れることで解消。前述した奥様の要望に加え、「床下収納が欲しい」、「使いやすい家に」というご主人の要望をかなえるべく、1階ほぼ全面に渡るリノベーションがはじまった。

Before

Before

一貫した奥様のイメージが完成へと導いた

Before　　**After**

　間取り変更は、部屋の仕切りをなくし、水まわりと和室を除く部分を広大なLDKにするという大胆なもの。キッチン側をダイニングスペースにし、中央の収納スペースを挟んだ窓側は奥様のアトリエにすることに。一方、内装のコンセプトは奥様好みの「ナチュラルテイスト」。

　内壁を全面白にしたのは、「子どもたちをきれいに撮影するため」。壁が白いと自然に表情を明るく照らしてくれるからという、元カメラマンならではの発想だ。天井以外の壁はすべて、ご夫婦と両家のお父様が力を合わせて珪藻土入り漆喰で塗ったもの。

3世代で集える広いLDKを実現した
RC2世帯住宅

　1階はそれぞれ6帖あった二間の和室と広縁を書斎と寝室に変更。和室の床を下げて廊下との段差を解消し、バリアフリーに。2階以上はスケルトンの全面リフォームとし、外部からの専用玄関を設けて和室・洋室・クローゼット・サンルームなどをLDKに変更。浴室・洗面室を広くとるためトイレを移動した。3階には大収納のウォークインクローゼットも設けた。

Before 1F　　Before 2F　　Before 3F

After 1F　　After 2F　　After 3F

最も日当たりのよい位置にあった和室をLDKに変更

玄関の場所を変え、暗かったキッチンとリビングを日当たりのよい元・和室の位置に移動し、隣に和室を配置。浴室とトイレ、洗面室を元・キッチンの位置に移動し、廊下は最小限の広さに。LDKは増築して広さを増し、増築した2階部分にバルコニーを新設。2階の和室は洋室に変え、基礎は補強をおこなって安全性を増した。

Before 2F　　After 2F

Before 1F　　After 1F

生かし切れていなかった和室と広縁、
応接間を家族が集まるリビングに変更

仏間のある和室をLDKと一体化し、隣の洋室を和室に変更。LDKの天井を抜いて勾配天井にし、天窓を開口して明るさと開放感を創出。階段下を書斎スペースとして活用し、家族が集う空間に。玄関ポーチと大容量のシューズクロークを新たに設け、使い勝手を向上。屋内の雰囲気は白を基調としたナチュラルでフレンチテイストに統一。断熱材の入れ替えや内窓の取付け、蓄熱暖房の導入、など、寒さ対策も万全に。

Before 1F

After 1F

孫たちと一緒に楽しめる
広いLDKを実現

木造2階建ての1階部分に大人数で集えるLDK。動線を考慮してリビングを家の中央に配置し、高齢になった母親のためにバリアフリー化もおこない、同時に戸外への出入りも容易になるよう、玄関の位置を駐車場や前面道路に近い場所に変更。わずかな増築ながら、1階の間取りをすべて変更することで無駄のない広く使いやすい住まいを実現した。ユニットバスと流し台は比較的新しかったため既存を利用した。

Before 1F

After 1F

トイレ リフォーム
Toilet Reform

清潔＋使いやすさがうれしい。
クリーンで心休まる
空間づくり。

快適＆清潔リフォーム。
家の中でトイレが
お気に入りの場所に

最近のトイレは、便器はコンパクトかつスタイリッシュになり、自ら"除菌"する機能を備え、掃除もしやすいのでニオイもなく清潔感ただよう空間が可能になった。その便器の形や機能面においては、各社さまざまな工夫をこらし商品を展開しているので、適切な機能を選んで日々の生活を無理なく快適なものにしよう。また、節水機能も向上しており、節約とエコロジーを考えて踏み出すトイレリフォームもおすすめ。

つり戸棚を取付けて収納力を高めた実例

あなたのトイレ、こんなことに困っていないだろうか？

旧式の便器を使用しているトイレであれば、「掃除に困っている」「狭さに困っている」という悩みが主なリフォームの動機だ。これらの悩みを解決できるのが、最新のトイレの機能だ。気になる商品があったら、ショールームへ行って実際に目で見て触って体感しよう。ショールームアドバイザーに相談に乗ってもらいながら、商品の説明を受けるのも、参考になるだろう。

"狭さ"に困った…。

タンクと幅広の操作ボタンが付いた便器が、狭いトイレスペースをさらに狭くしている。身動きが取りづらく、掃除もしづらい

"お掃除"に困った…。

従来のトイレには便器のくぼみが多く、掃除しづらかったり、隙間に入り込んだ尿や汚れをきれいにすることができず、ニオイの原因に

最新機能で悩みも解決!

少ない水量でしっかり洗う

渦を巻くようなトルネード水流が、少ない水を有効に使いながら、しつこい汚れも効率よく洗浄。便器の内面をしっかりと洗い流す。
●トルネード洗浄(TOTO)

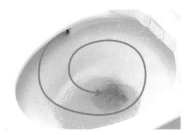

長期間維持する自浄力

TOTO独自の性能で、陶器表面の凹凸を100万分の1mmのナノレベルでツルツルにし、かつイオンパワーで汚れの吸着力を弱めることができる。●セフィオンテクト(TOTO)

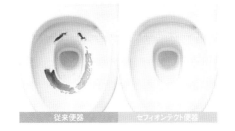

汚れがたまるフチ裏をなくし掃除しやすく清潔に

お手入れしづらかった便器のフチをなくし、滑らかな形状にすることで、汚れをサッとひとふきすることができる。
●フチなし形状便器(TOTO)

汚れの温床となっていたすき間がリフトアップ機能ですっきり

今まで掃除できなかったすき間がリフトアップし、掃除が可能に。8cmとしっかり上がるので奥まで手と雑巾が入り、楽にしっかり拭くことができる。気になるニオイもカットしてくれる(手動タイプも有り)。●電動お掃除リフトアップ(LIXIL)

作動イメージ

使うたびにきれいが長持ちする環境にもやさしい除菌機能

水道水を電解し除菌効果を持たせた"きれい除菌水"が鉢内に噴射され、トイレのきれいが長持ちする。噴射は、トイレ使用前後と8時間使用しないときに自動でおこなわれる。
●きれい除菌水(TOTO)

現在のトイレは"スリム"で"節水"が当たりまえ

節水が進んだエコロジーなトイレ

現在のトイレは技術の進歩で"節水"機能が向上し、かつては1回の洗浄に約13ℓもかかっていた水量を大幅に削減することに各社成功している。なかでもTOTOのネオレストは"超節水"をうたっており、3.8ℓの水での洗浄を実現。これは今までの水量の約75%の節水になり、1年間で浴槽約223杯分を節水するという。環境のことも考えて、新しい便器に変えてみては。●写真はTOTOのネオレスト

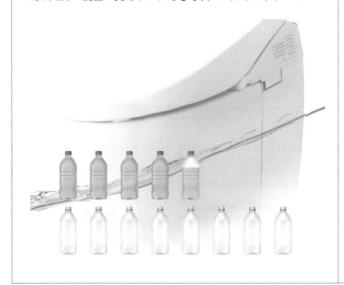

タンクレスタイプでトイレ空間を広く明るく

最近では"タンクレス"タイプの便器が人気を集めている。スタイリッシュなデザイン性はもちろんだが、トイレという狭いスペースにスリムなタンクレスタイプを置くことで、空間が広くなり、便器まわりのお掃除もしやすい。各社さまざまなタンクレスタイプの便器を出しているので比べてみて。●写真はLIXILのサティス

650mm

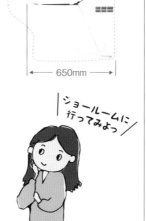

ショールームに行ってみよっ

身も心もほぐす、
快適であたたかなバスタイム。
親子で笑い声がこぼれてくる。

広くなった浴室にはLIXILの
ラ・バスを採用。「サーモフロ
ア」で冬でも床があたたかく、
フタと浴槽の保温材によるダ
ブル保温でお湯も冷めにくい

1日の疲れを癒やす場所だからこだわりたい

システムバスにリフォームする際、掃除やメンテナンスのしやすさはもちろんのこと、1日の疲れを癒やしてくれる場所なのでリラックス効果の高い機能や性能にもこだわりたい。在来のバスルームに多い「寒さ」に対する悩みを解消するものや、＋αの癒やし効果のあるものなど、さまざまな商品が出ている。バスタブに関しては各社形状の違うものを出しているので、ショールームで実際に体験するのがおすすめ。

あなたのお風呂、こんなことに困っていませんか?

〝寒さ〟に困った…。

在来工法のバスルームは家の躯体と一体になっているので、外気の影響を受けやすく、冬は寒い。また、モルタルやタイルは「あたたまりにくく、冷めやすい」という特徴も

バスタブも
狭くてく
つろげない…

〝お掃除〟に困った…。

タイルやコーキングの目地などがあり、掃除がしにくい。排水も髪の毛などがたまりやすく、ヌメリも気になり素手での掃除がおっくう

最新の機能でこれらの悩みを解決!

面倒な浴室のゴミ捨てをシンプルで簡単に!

浴室のゴミ捨てをたったの2ステップで実現。浴槽排水を利用し、排水口内に「うず」を発生。排水口を洗浄しながら、ヘアキャッチャー内のゴミをまとめてくれる。あとは、まとまったゴミを捨てるだけ。
●くるりんポイ排水口(LIXIL)

うず発生イメージ図

排水口内がシンプルな
形状に進化し、奥までし
っかり手が届く

お風呂の「スミ」の汚れをすっきり

バスタブと壁が接する部分を一段高くして、目地に湯アカがつきにくく、風呂フタも壁にあたりにくい。同じく汚れやすいフロアと壁の間の接合部分も50mm高くして、すみずみまで手入れがしやすく、汚れがたまりにくい構造に。
●スミらく仕上げ(トクラス)

寒さを解消する技術が満載

あたたかさと掃除の
しやすさを考慮した素材

断熱クッション層を採用したことにより、床裏からの冷気をシャットアウト。足裏に吸い付くような心地よい足触りと乾燥の速さが魅力。

●ほっカラリ床（TOTO）

床の表面（FRP）
断熱クッション層（発泡ウレタン）
断熱床パン（高強度断熱材・発泡ポリプロピレン）
ベースフレーム

4時間後の温度低下は
わずか2.5℃

浴槽と風呂フタの保温材に加え、浴槽下も防水パンで覆って湯冷めを抑制。追い焚きを減らし、省エネ効果も。

●高断熱浴槽（クリナップ）

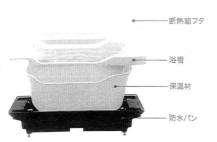

断熱組フタ
浴槽
保温材
防水パン

保温材で浴室全体をすっぽりと覆い
あたたかさをキープ

壁、床、天井と浴槽全体をぐるりと保温材で包みこんで、しっかり保温。入浴後30分経っても、浴室内にあたたかさがとどまるので、続けて入浴しなくても家族みんなが快適に入浴できる。浴槽や風呂フタなどの細かい所にも保温材を使用して、暖気を極力逃がさない。

●浴室まるごと保温（クリナップ）

〈洗面室編〉

限られたスペースの有効活用がカギ！

脱衣や洗濯・アイロンがけ、身支度を整える場所としてなど、限られた狭いスペースの中でたくさんの役割を担っている洗面室。その室内でメインとなる洗面台は、こまごまと散乱する小物をすっきりさせる高い収納力や一台で何役もこなす＋αの機能、きれいで清潔に使える工夫がされた機能を兼ね備えていることが重要だ。

"収納"に困った…。

収納ボックスがないと、収納するところがない。化粧品類や整髪料など身支度を整えるための細かい道具が散乱して困る

"お掃除"に困った…。

排水口と蛇口まわりのお掃除が大変。洗面台を使った後、床に水滴が落ちているのも、いちいち拭くのが面倒

通気性に優れ
取り外しも簡単

ステンレス製の網棚は、湿気やニオイを自然に換気してくれる。●乾くん棚（トクラス）

排水口の奥まで
お掃除カンタン

排水口の底部分に凹凸がなく、スポンジでサッと掃除。ななめ形状のヘアキャッチャーが、スムーズに通水する。
●てまなし排水口（LIXIL）

磁石の反発力で
排水栓を開閉

デッドスペースを
解消したたっぷり収納

従来品だと排水管が邪魔で狭くなりがちだった収納を、排水管の形をシンプルにして広く使えるようにした。
●奥ひろ収納"奥ひろし"（TOTO）

排水管によるデッドスペース

〈従来品〉

▼

〈奥ひろし〉

窓とカーテンを新しくしたら、お部屋の表情も光りに満ちていきいきと。

わが家のマイスター豊田 挙母店
二級建築士・インテリアコーディネーター
望月マイスター
お客さまの理想をカタチにするデザイン性の高さが魅力。建築士の視点からライフスタイルに合った空間提案もできる

教えてくれるのはこの人

窓とカーテンは部屋の表情をガラリと変える

クロスやスクリーンで変化を付けた和室が誕生

レースのカーテンでコーディネートすることで柔らかい光に包まれる

クロスを上手に組み合わせると多彩なテイストを実現できる

壁一面をデコラティブな柄クロスでアクセントに

和室コーナーにウィリアム・モリスの壁紙

青いクロスと柄入りのアクセントクロスをあしらった洗面脱衣室

ファブリックを差し色としてコーディネート

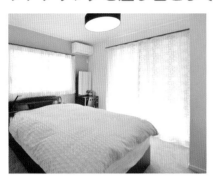

レースカーテンの
新しいコーディネート

単なる日差しよけではない装飾的なものが多く出てきている。ここ数年の人気はドレープカーテンの手前にレースカーテンをかけるコーディネート。昼は太陽の光でレースの柄を柔らかく浮き立たせ、夜は2枚重ねて。レースの柄がより鮮明に映えてとてもきれい。窓辺の印象がドラマチックに変わる。

ラグとソファの相性が
お部屋のセンスをアップ

ラグはお部屋の印象を大きく左右する重要なアイテム。家具を引き立てたりカラフルなアクセントにもなる。グリーンのラグは落ち着いたウォールナットの床色と相性がよい。ソファとの相性を基準に考えるのが、ラグ選びのポイントの1つ。ソファを置く位置もポイントの1つで、ソファの横幅より少し大きめのラグをソファの下に敷くと、ラグが動かず安定する。

大きさや色、柄などで遊んで
部屋全体の差し色に

ソファにクッションを並べるとき、同じ大きさのものを並べる方法とあえて大小を混ぜる見せ方があり、色の調整とポイントになり動きも出て面白い。カーテン×クッションやソファ×クッションの楽しく美しいコラボレーションなどで異なる表情が出て魅力的な空間になる。椅子の上に個性的なクッションをポンと置くだけでかわいいコーナーになったりと、手軽なグッズの1つ。

人気の壁材・エコカラットに注目！

キッチンの使い勝手は、キッチンの形、冷蔵庫や食器棚との位置関係、リビングとのつながり方などに大きく左右される。「家族と会話しながら料理したい」「キッチンはお客さまから見えないようにしておきたい」など、ライフスタイルにあわせたレイアウトを選ぼう。

[調湿作用]
カビ・ダニが増えにくい、
快適な湿度を保つ。

湿度80％以上のジメジメとした環境では、カビやダニの繁殖が進む。逆に湿度40％以下のカラカラとした環境では、ノドや鼻の痛み、肌荒れが起こり、インフルエンザにもかかりやすくなるといわれている。なかなか難しい湿度コントロールだが、エコカラットプラスがあれば、快適な湿度につつまれた気持ちのよい暮らしが期待できる。

〈カビ・ダニの繁殖と湿度〉

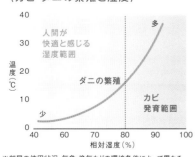

※部屋の使用状況、気象・換気などの環境条件によって異なる。カビやダニが発生・繁殖しないことを保証するものではないので注意。

[浄化作用]
有害物質を吸って、
クリーンな空気を出す。

エコカラットプラスは、家具や他の建材から揮発していき、シックハウス症候群の原因にもなる有害物質（ホルムアルデヒド、トルエンなど）を吸着し、空気中の濃度を低減する。もちろんエコカラットプラスの原料には、これらの有害物質は使われていない。

〈有害物質の低減効果〉

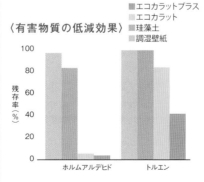

※建材、家具の配置、気象、換気などの環境条件によって異なる。

[脱臭作用]
四大悪臭を大幅脱臭。
フレッシュな空気を届ける。

ニオイの四大悪臭成分といわれるのが、アンモニア（トイレ臭）、メチルメルカプタン（ペット臭）、トリメチルアミン（生ゴミ臭）、硫化水素（タバコ臭）。エコカラットプラスは、それらの成分を吸着し、珪藻土よりも優れた脱臭力を発揮する。

〈四大悪臭の残存率〉

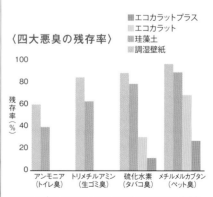

エコカラットプラス・エコカラットのアンモニア、トリメチルアミンの残存率は検出限界以下。

2世帯 リフォーム
Two households Reform

1階は既存を生かし
2階は増築で新しい空間をつくる
完全分離の2世帯住宅

内装仕上げは、珪藻土の壁を基本にすべての部屋に一面だけペイントを施し、空間にアクセントを加えた。見せたくないものはなるべく隠せる充分な収納も確保して、生活感を出さないシンプルな空間を実現

アイランドキッチンの広いLDKを叶えた2世帯住宅

長男も1歳になり、賃貸マンションから新しい生活空間を模索していたW様。兄弟や両親にも相談し、実家で両親との2世帯同居が決まった。実家は築40年の木造住宅。W様の祖父が建てた家で、ご主人にとっては想い出もたくさん詰まっていたが、そのまま暮らすには部屋数も少なく、耐震の面でも心配があった。

W様はすぐにリノベーションセミナーに参加し、自分たちの生活と照らし合わせて具体的なプランづくりを依頼。その後は2階の増築部分が多いため現場調査にも十分な時間を割き、W様はもちろん、両親の意見や希望も反映して、ようやく新生活の未来図ができあがった。

シンプルモダンな雰囲気を損なわないようにテレビやオーディオの配線はすべて壁の中に埋設した

Before2F

PLAN
1階と2階で完全分離した2世帯住宅。2階部分に広い空間を確保するためにトータル70㎡を増築し、専用の玄関や水まわりも新設。

After2F

Before

想い出や古い家のよさは残し、2世帯がそれぞれのライフスタイルに配慮できるようリフォーム

2世帯リフォームのメリット

　同じ屋根の下に親世帯と子世帯が暮らすことで、それぞれの世代間のコミュニケーションがしっかり取れ、家風といった目に見えない価値を継承できる。祖父母と孫の同居は、正しいしつけや教育にもつながる。また、親世帯の土地を有効に活用して新築またはリフォームすれば住宅購入費が安く抑えられる。これは大きなメリットといえそうだ。

〈親世帯〉　〈子世帯〉

将来、介護が必要になったり、急に具合が悪くなったときの安心感がある

不測の事態が起きたときや力になってほしいときに、すぐ頼ることができる

2世帯リフォームは新築の戸建てに比べて建築費が格段に安くなる

共働きが増える中、両親に子どもの面倒を見てもらえるのは心強い

2世帯リフォームのデメリット

　1つは両世帯の共有スペースについて。例えば、一方の来客があった場合には共有スペースに行くことを我慢することもあるだろう。また、2世帯では生活時間が異なり、共有スペースでの音が気になるなど、互いに迷惑をかける可能性もある。そのほか、水道光熱費の取り決めやプライバシーの確保などの問題も考えられる。同居するからこそお互いに配慮すべき事柄を話し合っておくことが大切だ。

共用スペースが使いづらくなる
両世帯の共用スペースであるリビングに、親世帯か子世帯どちらかの来客があるような場合、一方の世帯がリビングに行くのを我慢したり遠慮したりしてしまうようなことも起こりがち。

生活時間のずれ
世代の異なる親世帯と子世帯では、たいてい生活時間が違うもの。帰宅時間や入浴時間帯の違いにより、例えば、夜間に共用スペースでの音が気になるなど、互いの世帯に迷惑をかける場合がある。

水道光熱費の取り決め
光熱費や水道料金について、支払いをどのようにするかあいまいにしたままだと、後々揉め事にもなりかねない。両世帯が同じ量を使用することはないため、事前にはっきりと決めておくことが望ましい。

プライバシー確保の問題
突然寝室に入ってこられることのないように、あるいは生活音に気を遣ったりと、プライバシーの確保は重要。寝室には鍵をとりつける、壁を防音型にするなど、プライバシーを保つ工夫は万全に。

2世帯住宅のタイプ

完全分離型
共有スペースをつくらず、親世帯と子世帯の住環境をまったく別々にしたタイプ。プライバシーをしっかり確保できる。

Merit
- プライバシーが完全に守れる
- 各世帯の独立感が強まる
- 内部で行き来できる

Demerit
- 左右独立型は敷地に余裕が必要
- お互いが疎遠になりがち
- 建築コストが高めにつく

1F

一部共有型
間取りが効率よくまとまり、2世帯それぞれの生活時間やライフスタイルにも考慮できるため、選択する人が最も多い。

Merit
- ほどよいプライバシーを確保
- 親子世帯が気軽に集まれる
- 建築コストを抑えられる

Demerit
- 浴室など利用時間が重なりがち
- 人を招くときにやや気が引ける
- 共有部分の配置で間取りが制約される

1F

完全共有型
寝室や個室以外はすべて共有。2世帯リフォームの中では、手軽にリフォームできて最も費用を安く抑えられる。

Merit
- 敷地が狭くても建てられる
- 建築コストが安上がりに
- 互いの様子がわかりやすい

Demerit
- プライバシーを確保しにくい
- 音が聞こえやすい
- 各世帯の独立感がほとんどない

1F

親世帯ゾーン　　子世帯ゾーン　　共有ゾーン

マンションならではの制約を知ることで安心してリフォームができる。

マンションの構造でリフォーム自由度も変わる

いま、中古マンションのリフォームが注目されている。現在住んでいるマンションの間取りを変更したり、中古マンションを購入後、自分好みにカスタマイズして移り住んだりとスタイルもさまざま。ただ、気をつけなければいけないのが、戸建てよりも制限が多く、希望をすべてかなえられるわけではないということ。事前に「できること」「できないこと」「配慮すべきこと」などを把握した上で、ライフスタイルに合った部屋にリフォームしよう。

壁と床で建物を支える構造
壁式構造

間仕切りの撤去に制限あり。柱梁がなく、住戸内の壁で支える構造であり、通常は5階建てまでの建物に採用されている。構造上、鉄筋コンクリートの壁が多く必要になっているため、耐震性はある。室内に柱が出てこないため、室内を有効に使える反面、室内にもコンクリートの壁が出ているため、リフォーム自由度は低いといえる。

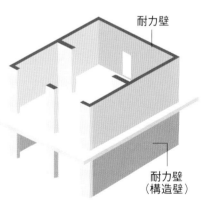

耐力壁

耐力壁
（構造壁）

柱　大梁　小梁

間取りの変更が比較的自由
ラーメン構造

柱と梁で建物を支えているので室内の間仕切りのほとんどが取り外し可能。柱と梁により構成されている構造となっている。部屋と部屋をつなげるなどの大掛かりな間取り変更がしやすく、リフォーム自由度は非常に高いだろう。

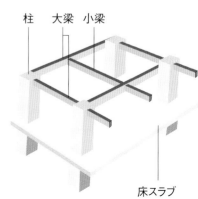

床スラブ

CHECK!

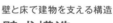

構造体はマンション全体の所有となり、それ自体がマンションを支える重要な構造となっているので、移動することはできません。キズをつけるだけでもNGです。

まず知っておきたい「専有部分」「共用部分」

自分たちの要望に合う中古物件を一刻も早く見つけて購入したい気持ちはわかるけれど、ただやみくもに探しまわれば見つかるものでもなく、逆に混乱に陥ることにもなりかねない。どんなことに気をつけて探せばよいのか、その心得を知っておくことが大切だ。

専有部分 リフォームできる
住人が所有している部分
（一般的に玄関の内側〜ベランダの手前までの部屋）

- 天井、床および壁は躯体を除く部分
- 玄関扉は鍵および内部塗装部分
- 窓枠および窓ガラスは専有部分に含まれない

共用部分 リフォームできない
管理組合が所有

- 玄関ホール、廊下、階段、エレベーターホール、内外壁、界壁、床スラブ、基礎部分、バルコニー、ベランダ、屋上テラス、車庫など、専有部分に属さない「建物の部分」
- エレベーター設備、電気設備、給排水衛生設備、ガス配管設備、火災警報設備、インターネット通信設備、ケーブルテレビ設備、宅配ボックス、集合郵便受け箱など、専有部分に属さない「建物の附属物」
- 管理事務室、管理用倉庫、集会室およびそれらの附属物

専有部分の「できる」「できない」

内装 できる
壁材、室内のドア交換などは自由。床材はマンションによって制約がある場合も

玄関ドア できる
ドアの外側は共用部分。防犯用の補助錠を設置し、インターホンをカメラ付のタイプなどに取替えることはできない。内側の塗替えのみ可能だ

設備 できる
浴槽、トイレ、シャワーヘッド、キッチンユニットなどは交換可能

天井 できる
共用部分であるコンクリートの内側までは専有部分。そこまでなら天井高を上げることができる

ダクト できない
共用部分。ダクトの位置も外側への抜け口が決まっている

サッシ できない
窓サッシはマンション外観の一部で共用部分にあたる。美観を損ねるなどの要因で交換はできない

廊下は共用部分 できない

枝管は専有部分 できる

パイプスペース できない
排水管と、給水・ガス管と電気配線の2種類。いずれも共用部分にあたるため、移動はできない

バルコニー できない
共用部分だが、専用使用権が認められている（※）ので、ガーデニングなどの専用使用ができる。ただし、避難を妨げるようなものは置けない

※専用使用権が認められている部分…バルコニー、玄関扉、窓枠、窓ガラス、一階に面する専用庭および屋上テラスなどの共用部分で、専有部分と一体として取り扱うのが妥当な部分。ただし、自由にリフォームできるということではない。※上記の「できる」「できない」はあくまで一般的な見解であり、管理組合によって規定が決められている場合もある。

間取り変更
構造的に問題なければ、間取りの変更は可能。物件の構造によって、比較的自由に変更できるものと制約が出るものがある

水まわりの移動
床下に巡らせた排水管がどこまで移動できるかで、水まわりの移動範囲が決まる。どこまでできるかは専門の業者にみてもらおう

IHクッキングヒーターに変更
IHへの変更は、電気容量のアップが必要。多くのマンションでは全体の容量が決まっているので、事前に管理組合に確認を

バリアフリーに変更
床を下げることはできないので、高い床に合わせて低い床を上げる。そのため、天井と床の距離が縮まり圧迫感を感じることも

床材を変更
床を張替える場合は、入居マンションの管理規約を確認。床材の性能を規定したり、変更そのものを禁止しているケースも

玄関ドア・窓サッシ・ベランダの変更
外から見える場所にある玄関ドアや窓サッシ、ベランダは共用部分になるので、取替えることはできない

マンションリフォームの注意点
The key of
a Mansion Reform Success

マンションリフォームは遮音性能にも気をつけよう

CASE STUDY ▶ 築20年でかなり傷んだマンションを全面リフォームしたい

▼

リフォーム内容

内　装	開口部	設　備
❶床をフローリングにする	❷玄関ドアに防犯用の補助錠を取付ける ❸インターホンをカメラ付に取替える ❹結露防止のペアガラスに変える	❺ユニットバスをバリアフリーにする ❻キッチンの位置を移動する ❼キッチンをIHに変える

注意点を CHECK!

❶ フローリングの仕様は管理規約に載っていることが多く、事前申請が必要。特に遮音性能に注意しよう。一般的に遮音等級「L-45」の遮音レベルを規約としているマンションが多くある。また、フローリング張り自体を禁止しているところもある。さらに、無垢材にしたいとき、環境的には優れている無垢フローリングだが、遮音性能には特化していない。そのため、フローリングの下に遮音材を敷くなど、プラスαの工事が必要となる。

❷❸ 共用部分に
あたるためNG

例 Y様邸の場合

無垢サクラ材
↓
コンパネ
↓
遮音マット
↓
パーティクルボード
↓
プラスチックの束
・吸音材
↓
コンクリート

マンションでは難しかった無垢のフローリングも、これでL-45をクリア

●L値と住宅における生活実感との対応

	椅子の移動音、 ものの落下音など （軽量床衝撃音LL）	人が走りまわり、 飛び跳ねるなど （重量床衝撃音LH）	生活実感
L-35	まず聞こえない	ほとんど 聞こえない	上階の気配を 感じる
L-40	ほとんど聞こえない	遠くからかすかに 聞こえる	上階でかすかに 物音がする
L-45	小さく聞こえる	聞こえるが 気にならない	スプーンを落とす音が かすかに聞こえる
L-50	聞こえる	小さく聞こえる	椅子を引きずる音は 聞こえる
L-55	発生音が気になる	聞こえる	スリッパ歩行音が 聞こえる

参考：日本建築学会編「建築物の遮音性能基準と設計指針」

❹ 結露防止のペアガラスに変えることはできるが、ガラス種をそろえることはできない。マンションの場合、サッシも共用部分になり、窓を取替えることはできないためだ。結露防止対策としては窓の内側からガラスにもう1枚ガラスを貼るアタッチメントか、内側の窓枠にもう1枚窓枠とガラスを施工する方法となる。そのため、ガラスの種類が既存と異なるのだ。

❻ 排水管の移動距離が問題となる。ユニットバスと同じように、移動距離が長くなると、水の流れが悪くなるため、躯体のコンクリートと床の間のスペースが重要なポイント。ゆとりがあれば、勾配がつけやすいため、キッチンの移動も広範囲で検討することができる。

❺ まず、ユニットバスの設置は事前に承認が必要。バリアフリーにする際、ユニットバスの排水管のレベルが下がってしまうと、排水が潤滑に流れる勾配が足りなくなってしまう場合があるので、排水の流れが悪くなることもある。排水の流れを確保するには、排水管の勾配を保つ必要があるので、バリアフリーにするなら、洗面室側の床の高さを上げなければばらない。

❼ ガスや電気の設備機器などは、単体で機能するものではなく、サービス供給側の本管などに接続されて機能するもの。専有部分内にある専用設備であっても、容量などはマンションによって上限がある。エアコンの増設の場合も同じだ。

❶ まず、各部屋の配電容量がIHや大きな消費電力をまかなえるかの確認が必要

❷ 部屋の分電盤のアンペア数と、分電盤に空きがあるのか確認が必要

❸ 現在、電気の容量が足りなくても、マンション全体で容量がまかなえる場合は分電盤を取替えて部屋内の容量を高くすることもできるが、管理組合の承認が必要

※専門家にみてもらおう。

工事中のご近所への配慮

共用部分のあるマンションでは、戸建て以上にご近所へ配慮しなければならない。

実際にあったトラブル事例

 工事中、共用廊下が汚れていた。
また、エレベーターにキズがついていた。

 夕方遅くまで職人さんが工事をやっていて、
近所へ迷惑がかからないかヒヤヒヤした。

 駐車スペース以外の場所に車を
勝手に止めており、管理人から注意をされた。

 廊下で職人さんがタバコを吸っていて、
ご近所からクレームがあった。

CHECK!

自分たちは気をつけていても、業者のマナーが悪く、ご近所へ迷惑をかけてしまうケースも多くある。せっかくすてきな部屋を手に入れても、ご近所との関係が悪くなってしまっては、楽しい生活は送れない。
マンションリフォームには、特有の問題が多くある。それは管理組合であったり、騒音であったり、ゴミの問題であったり、直接工事に関わっていない問題。ただ、技術があって、「構造に精通している」だけの業者では心配。マンションリフォームを得意としている業者を選ぼう。

リフォーム後のトラブル対処法

Q タンクレストイレをつけたら、水圧が足りなくて流れが悪い。原因は?

A マンションの場合、貯水槽の位置と階数によって水圧にムラがある。給水からの直圧ではまかなえない場合があるので、あらかじめ水圧に問題がないかチェックが必要だ。また、水圧が足りない場合でも、ハイブリッドになっているものは、内蔵タンクの水を加圧して直圧の水道水と一緒に流すことができるので、水圧が足りない階でも使用することができる。

Q 5年前に水まわりはすべて変えたのに、水漏れが起きた。原因は?

A 水まわりをリフォームしたときに配管も新しいものに取替えていなかったら、老朽化のため穴があいてしまう恐れがある。一般的に配管の耐久年数は35〜40年といわれているが、銅管や鋼管の場合、接続の不備などを原因として穴があくピンホールという現象が起きる場合がある。水まわりのリフォームと一緒に配管も取替えることがおすすめだが、床下地・仕上げの撤去と補修などの作業が発生する可能性がある。老朽化が進んでいても、管理組合で定期的なメンテナンスをおこなっていたり、近隣住戸での配管破裂や水漏れなどの報告がなかったりすれば心配がいらないケースもある。

中古マンションを買ってリフォームするときのチェックポイント

☑ 管理状況を調べる

ポストまわりにチラシが捨てられていないか、自転車置き場が雑然としていないかなどを見れば、管理が行き届いているかどうかがある程度判断可能。管理会社でなく入居者自身による自主管理の場合は、管理費と修繕積立金の滞納問題が起きている可能性もあるので注意。

☑ 修繕計画と修繕積立金

一般的に築13〜18年でおこなわれる大規模修繕計画がいつ予定されているのか、それに伴う修繕積立金がいくらなのかを把握し、現状5000円でも今後上がる予定がないか確認。築15年や20年の場合、すでに大規模修繕が終わっていることも多いので比較的安心だ。

☑ 排水管のタイプは?

排水管はコンクリートスラブの上に配管されることが多いが、古いマンションだと下にある場合も。下階の住戸に排水管が入り込んでいれば手を加えることは不可。なお、移動・交換ができるのは、メーターから先と、共用の排水管から水まわり設備までの住戸内の配管。

☑ 給排水管の確認

蛇口からの水が濁る、排水管への流れが悪いなどの場合は給排水管の改修・交換の必要あり。床や天井を取り外しての工事になるため、築20年超の場合はリノベーションと同時に給排水管の交換をするのが効果的。室内に洗濯機用の防水パンがあるかどうかも要確認。

☑ 給湯器は交換できる?

マンションの給湯器は主にガス給湯器と電気温水器。その種類と設置場所、交換可能かを確認。給湯器が浴室内にある「バランス釜タイプ」の場合は要注意。風呂はバランス釜、台所は小型湯沸かし器とわかれ、新しくしても給湯能力に制約が出ることがあるからだ。

☑ 換気扇の位置と種類

キッチン、浴室、トイレに換気扇が付いているかを確認。なければ共用部分の外壁を開口して換気口を設けたり、ほかの換気口までダクトをつなげる必要がある。ダクト排気式でなく、プロペラファンをキッチン壁に付けた直接排気式の場合はレンジフードへの変更に注意を。

やる前に押さえておきたい
戸建てリフォームの
できるできない。

工法の特徴とリフォームの自由度

　一般的に戸建てリフォームの自由度はマンションに比較して高いと言える。工法によって範囲は異なるが、構造躯体だけになるまで壁を解体してまったく新しい空間に変更することが可能だ。建物の状況によっては水まわりを1階から2階に上げることもでき、北西にあったキッチンを南東に移動するなど大幅な間取り変更もできる。マンションの場合、共用部である窓や玄関ド

アはリフォームできないが、戸建てならばそれも可能だ。ただし、隣地との境界や防火地域による建物の構造制限などがあるので注意しよう。

　また、プレハブ工法や2×4工法など構造上抜くことができない壁などがあることも。一口に戸建てといっても構造や工法によってリフォームの自由度は変わってくるので、以下の工法別の特徴をおさらいしておこう。

ビフォーの内装がどんな状態でも、構造躯体がしっかりしていれば個性あふれる空間に変更できる

❶ 木造軸組工法
昔から日本で受け継がれてきた在来工法。建物を支える柱の移動や耐力壁に穴を開けるなど以外は自由度が高く、間取り変更が容易。

❷ プレハブ工法
工場生産された床や壁などを現場で組み立てる工法。木質系やコンクリート系は間取り変更に制限があり、鉄骨系は比較的容易。

❸ 2×4（ツーバイフォー）工法
床、壁、天井を柱でなく壁面で支える工法のため、壁をなくして空間を広げたり窓やドアを増やすことが困難なケースが出てくる。

木造軸組工法

鉄骨系プレハブ工法

木質系プレハブ工法

コンクリート系工法

2×4（ツーバイフォー）工法

注意したい法律上の規則

建ぺい率や容積率、用途地域による高さ制限をはじめ、法律上の規制にも注意が必要。接している道路が4m未満の場合、容積率が制限される「道路幅員制限」、敷地の北側隣地に対する日影被害を少なくする「北側斜線制限」、敷地の前面道路の幅員によって建物の高さが制限される「道路斜線制限」などがある。前もってリフォーム会社に確認しておこう。

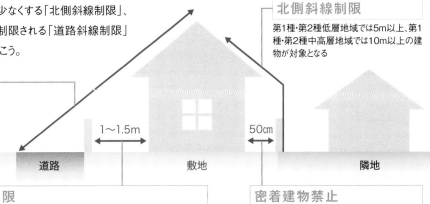

北側斜線制限
第1種・第2種低層地域では5m以上、第1種・第2種中高層地域では10m以上の建物が対象となる

道路斜線制限
家を建てる敷地が面する道路の反対側を起点に、住居地域では1.25の勾配、その他の地域では1.5の角度で斜め上方向に引いた線内に収まらなくてはならない

外壁の後退制限
第1種、第2種の低層住居専用地域では、建物の外壁から敷地の境界線までの距離を1〜1.5mと定められている場合がある。ただし防火地域・準防火地域では、耐火構造の外壁ならば境界線に接して建てることができる

密着建物禁止
民法上、隣地との境界線から50cm以上離して建設しなければならない

窓の数を増やす
新たに窓を設けたい場所が耐力壁である場合はほぼ不可能。ただし、強度的に問題のない外壁の場合は、窓の移設や新設は可能だ

木製サッシ・ドアに変更
防火地域・準防火地域の規定により、窓やドアなどの材料にも制約を受けることがある。該当地域の防火規制を事前に確認しておこう

トップライトや吹き抜け
防水処理や補強工事をおこなえば既存の屋根にトップライトを設けることは容易。吹き抜けも、構造の強度に影響が出ない限りは実現可能

2階建てを3階建てに
2階建てと3階建てでは基礎のつくり方が違うため、もともと3階建てにする前提での基礎でない限りはできないと考えた方がよい

水まわりを2階に変更
トイレや浴室を2階に変更あるいは新設、キッチンを明るい場所へ移動など、水まわり設備の変更も、戸建ての場合はおこないやすい

屋根裏の増築
屋根裏収納は2階面積の2分の1、高さ1.4m以下であれば可能。屋根裏部屋の場合は、容積率の上限をオーバーしないよう要注意

中古戸建てを買ってリフォームするときのチェックポイント

☑ 敷地境界線
隣地や道路との境界の確認はとても大切。境界杭や境界プレートが入っていればわかりやすいが、昔からの住宅地などでは境界が不明になっていることも少なくない。後々のトラブルを避けるためにも、引き渡し前に売り主側で境界を確定してもらうようにしよう。

☑ 上水道の確認
上水道の引き込み口が確認できない場合、水道局で上水道の本管の埋設位置を確認し、埋設道路の所有者確認もおこなう。私道の場合は引き込み工事の際、道路掘削の許可を得る必要があるからだ。引き込みがあっても、口径が古い住宅に多い13mmだと取替える必要も。

☑ 下水道の確認
トイレの汚水、キッチンや浴室からの雑排水などは最終桝に集められて敷地の外に流れていく。下水道施設が整っていれば下水道に直接放流できるが、ない場合は浄化槽を設ける必要があるので要確認。地域の道路上にマンホールがあれば施設が整っていると判断できる。

☑ 増築があるか
増築すると、建物の「重心」や「剛心」がずれ、地震の際に建物が水平方向に変形しやすい傾向がある。建物が地震の揺れに耐えられなくなったり、継ぎ目から水漏れが起きることもあるので、増築していれば増築箇所の接続の仕方や部材の組み合わせを確認しておこう。

☑ 騒音源の確認
同じ音でも気になる人とそうでない人がいるように、音に対する感覚にはかなりの個人差がある。よって契約前に必ず現地へ行き、日常的に聞こえてくる音について自分の耳で確認しよう。目の前が交通量の多い道路であったり、線路が近いなどの場合は特に要注意。

☑ 臭気の確認
近隣のゴミ置き場の位置を確認しておくことはとても重要。検討している物件の目の前がゴミ置き場だと、かなりの臭気を感じながら生活することになる可能性も。「せっかく静かな住宅街の家なのに、臭気がきつくて窓も開けられない」ということにもなりかねない。

リフォームの流れや進め方、注意点を知っておけば初めてでも安心。

STEP 01 情報収集

雑誌やチラシだけでなく直接出かけて情報収集を

まずは、リフォーム雑誌やチラシ、HPなどから情報を収集。また、リフォーム会社のイベントや体験会などに参加するのも有効な手段だ。リフォーム会社を実際に訪れることで、会社の雰囲気や担当者の人柄も確認できるので、2〜3社訪れて比較するのがおすすめ。

> 情報収集の手段はさまざま

来店	リフォーム会社のイベントや現場見学会に参加し、会社の雰囲気をチェック
リフォーム雑誌	たくさんの施工事例から、リフォームできること、やりたいことをイメージできる
WEB	気になる会社の成り立ちや経営方針、得意な工事や仕上がりのイメージを確認
チラシ	お得なキャンペーンメニューや得意とする工事メニューなどの情報をゲット
見学会	見学会は完成物件を見られるだけでなく、担当者と直接話をするチャンス
資料取り寄せ	会社案内やパンフレットなど、気になる会社のより詳細な会社情報が手に入る

STEP 02 現場調査

リフォームの第1歩住まいの悩みを気軽に相談

リフォームで1番大切なポイント。まずは、普段生活していて気になる住まいの悩みを相談。それを踏まえて、プロの目線で家をチェックしてくれる。コストダウンの方法やベストなプラン提案もすべて現場調査が基になる。

> プロの視点でチェックしてもらおう！

STEP 03 プラン提案

夢や希望をカタチに！最適なプランを吟味

頭の中のぼんやりとした夢や希望を伝えると、リフォーム会社がそれに最適なプランを作成。イメージCGや手書きのパースなどを使用し、ビジュアルでわかりやすく説明してくれる会社も多く、完成後のイメージがわきやすい。

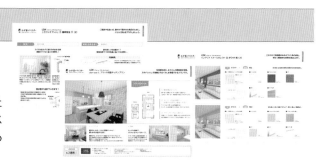

STEP 04　正式契約

とことん打ち合わせて
納得したら、ついに契約

提案後に打ち合わせを繰り返し、納得のいくプランに出合えたらいよいよ契約。プラン、仕様、設備、説明方法など細かな点について取り決め、契約書を交わす。一緒に打ち合わせ書や平面図、パース、工程表なども保管しておこう。

しっかりと納得した上で

STEP 05　工事着工

いよいよ工事がスタート
工程表の確認も忘れずに

施工前に、リフォーム業者が近所に着工挨拶を実施。また、家具の移動、移動の際に運搬物や周囲の汚損を防ぐために布や板などで保護する養生もおこなわれる。キッチンやお風呂が使えない日なども工程表でチェック。

隣近所へ着工のあいさつをしましょう

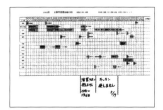

STEP 06　工事中

工事中も担当者と
密に連絡を取り合って

リフォームは1度決めても、追加変更がでる可能性もある。工事中でも気になったことは、そのつど担当者に伝えることが後悔しないリフォームには重要だ。やり取りは細かく記録しておくとさらに◎。

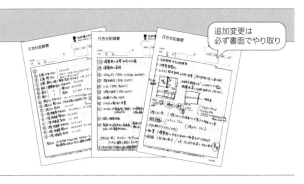

追加変更は必ず書面でやり取り

STEP 07　完成・検査・お引き渡し

完成を厳しい目でチェック
確認後ついにお引き渡し

工事が完了したら、担当者と仕上がりを詳細に確認。不備があれば、すぐに対応してもらおう。確認が終わると完了引き渡し書にサイン。設備機器などの取り扱い方もその場で説明してくれる。契約書などの書類は大切に保管しよう。

しっかりチェック！

STEP 08　アフターフォロー

定期的な案内で
しっかりサポート

工事後、お施主様の意見を聞くために営業担当が訪問したり、定期的に会社からメンテナンスのお知らせや案内が届くので、何か不具合があったときにはすぐに連絡しよう。

定期的なご案内でしっかりサポート

1番気になるのは
やっぱりお金のこと。
費用の目安を知っておこう。

リフォームをするときに1番気になるのは、やっぱりお金のこと。内容や規模によってその金額は大きく異なるが、まずは大まかな金額を知ることからはじめよう。資金計画を立てるときの参考になるはず。

水まわり

システムキッチンの交換
（70万円〜200万円）

手頃なI型なら70万円ぐらいから。L型、アイランド型では200万円を超えるものもあって幅広い。本体以外に工事費が含まれる

食器洗浄機の設置
（15万円〜20万円）

ビルトインタイプは15〜20万円が目安。古いキッチンは組み込みが不可能な場合があるので確認したほうがよい

洗面化粧台を交換
（6万円〜15万円）

収納が豊富な三面鏡や引出タイプ、天板が人造大理石など種類豊富で、機能や素材によってそれぞれの価格が大きく異なる

便器を交換
（10万円〜30万円）

本体は5万円からあるが、別途工事代が必要。洋式から洋式の変更は3万円〜、和式から洋式なら10万円以上かかる

外まわり

外壁を塗替え（30坪）
（60万円〜150万円）

シリコン、フッ素、セラミック、ムキコート、ガイナなど塗料によって価格が異なる。それぞれの塗料の性能を理解して選ぼう

玄関ドアを交換
（30万円〜50万円）

上記はアルミ製開きドアに取替えた場合の目安。断熱性、防犯性、防火性などの機能も価格と合わせて比較しよう

エネファームの設置
（120万円〜150万円）

発電・給湯・温水暖房を1台でできる先進システム。発電時に発生した熱を利用してお湯をつくるためおトクでエコ

ユニットバスを交換
（60万円〜180万円）

主流の0.75〜1坪タイプは60〜180万円。見積もりに解体工事、柱、土台などが含まれているかチェックしておこう

内装・建具

戸建て内装（6帖）
（10万円〜30万円）

既存の床の上に重ね張り（上張り）をすると8万円〜と比較的手頃。下地を補修してから無垢材を張る場合は20万円〜

マンション内装（6帖）
（15万円〜40万円）

カーペットからフローリングへの張替えの場合、2階以上は防音フローリングに。無垢材を使用する場合は防音工事が必要

和室を洋室に変更（6帖）
（40万円〜60万円）

和室の床をフローリングに変更、壁と天井のクロス貼替え、ふすまをクローゼットに変更した場合の料金

床暖房を設置
（35万円〜）

上記はガス温水式床暖房を6帖に上張りした場合の目安。構造や部屋の用途、広さに合わせた床仕上げ材の種類が豊富

内装・建具

隣室とつなげて
広いLDをつくる

（150万円〜180万円）

リビングと和室が隣り合っている場合に仕切りを取り払って、広いリビングにするのはよくあるケース。主に内装のグレードや収納等が費用に影響する

壁面いっぱいに
書棚を造作する

（20万円〜30万円）

壁面収納は既製品のユニットを設置するものとスペースに合わせて造作するものがある。主に材料のグレードとサイズで費用が変わる

内窓を設けて
断熱性を上げる

（3.8万円〜）

樹脂製の内窓は窓の断熱性を上げ、結露防止にも効果がある

全面改装

リフレッシュリフォーム

（マンション 7万円／㎡）（戸建て 20万円／坪）

間取り変更はおこなわず、天井・壁紙、床、畳、設備機器を一新。給湯器や配線工事もおこなうので新築同様の仕上がりになる

リフレッシュリフォーム工事内容

和 室
- 出入り口建具取替え
- 畳表替え
- 襖紙・障子紙貼替え
- 壁：じゅらく塗替え
  またはクロス貼替え

LD・洋室
- 出入り口ドア取替え
- 床：フローリング張り
- 壁・天井：クロス貼替え

浴 室
- システムバス取替え

キッチン
- システムキッチン取替え
- キッチンパネル貼り
- 床：フローリング張り
- 壁・天井：クロス貼替え

洗面室・トイレ
- 洗面化粧台取替え
- シャワートイレ取替え
- ドア取替え
- 床：クッションフロアシート張り
- 壁・天井：クロス貼替え

玄関・廊下・階段
- 玄関土間：タイル貼り
- 玄関ドア取替え
- 床：フローリング張り
- 壁・天井：クロス貼替え

その他設備機器
- 24号 給湯器取替え
  （台所＆浴室リモコン付）
- スイッチ・コンセントプレート取替え

戸建てのみ

防蟻・防湿処理

外壁塗装・屋根塗装
- 水性シリコン塗装

耐震診断
- 簡易耐震診断

スケルトンリフォーム

（マンション 10万円／㎡）（戸建て 30万円／坪）

床・壁、天井をすべて解体し、下地から断熱材、耐震補強までおこない、構造躯体から内装、設備機器、給排水管や電気配線などすべてを一新

スケルトンリフォームの場合上記リフレッシュリフォーム＋下記の内容が含まれる

間取り変更
Before
After

床・壁・天井
- 床・壁・天井下地組み替え
- 給排水管取替え
- 配線・分電盤取替え

戸建てのみ

断熱材施工
- 床・壁・天井断熱材取替え
  （外壁側のみ）

耐震補強
- 耐震診断
- 金物、筋交い補強

満足度の高いリフォームを実現させるには優良な会社を選ぶことから。

提案力　人間力　施工力　アフターサービス力　経営力

満足度の高いリフォームは、納得できる会社選びから。ただ、大きなお金をかけておこなうリフォームを託す会社をどこにするか、数あるリフォーム会社の中から選ぶことは結構難しいもの。そこで本誌では、会社選びの選定基準として、「提案力」、「人間力」、「施工力」、「アフターサービス力」、「経営力」の5つを挙げ、選ぶ際にチェックしておくとよいと思われるポイントをご紹介。

提案力

リフォームにあたり、お施主様にプランを提案する力は絶対不可欠。的確な提案をおこなうために必要なのが、次の3つの力といえそうだ。

1 ヒアリング力

**理想のリフォームを実現する第1歩
思いを聞き取ってくれる姿勢に注目**

提案前の段階で重要なのが、お施主様の要望をしっかり聞き取るヒアリング力。思いをしっかり聞いてくれるか、「他に要望はないですか?」などともれなく聞いてくれるかどうかがポイント。ヒアリングシートをつくったり、要望に対して「なぜそれを望むのか」という理由まで聞き取ってくれる会社は、ヒアリングを重視しているといえそう。

2 共感力

**かなえたいイメージに共感してくれる
心強い女性コーディネーターの存在**

伝えた要望に対して共感してもらえるとうれしいもの。リフォームの主体となることが多い奥様の要望は、男性担当者ではなかなか伝わりにくいこともあるが、経験豊富な女性コーディネーターだと理解も実にスムーズ。イメージ写真などを提示すれば、さらに共感が増し、プランニングもよりお施主様のイメージに沿ったものができあがる。

3 デザイン力

**すてきな空間をつくるデザイン力があるか
コンテスト受賞歴の有無が1つの目安に**

お施主様の要望をしっかりくみ取り、抽象的なイメージを具体的なプランにする際には高いデザイン力が求められる。それを備えているかどうか判断するには、リフォームのデザインコンテストで受賞歴があるか聞いてみるのも1つの方法。コンテスト自体がプランのプレゼンの場でもあり、受賞歴があることはそのスキルの高さの証ともいえるからだ。

他にはないですか?　なぜ?　どうして?

そうそう! そんな感じ

コンテスト
リフォーム会社の全国組織や設備機器メーカーなどが主に主催。提案力のレベルアップにつながる場でもある

図面　CG　パース

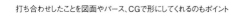

打ち合わせしたことを図面やパース、CGで形にしてくれるのもポイント

人間力

会社選びのポイントが数々あっても、信頼できる担当者や有資格者の存在が最終的な決め手になることも多い。それも1つの正しい選択基準だろう。

1 研修
スタッフや職人の人間力を向上

お施主様に対応するスタッフや職人の人間力向上を重視し、そのための勉強会や研修会を開いている会社は信頼度が高い。これにより、職人の質も高まる。

2 最後は人で決める
相性や親身な対応も決め手に

担当者との相性や職人の印象など、最後は人間的要素で決めることも多い。会社やショールームへ行って、その対応ぶりを実感するのも1つの方法だ。

3 有資格者
質の高いリフォームに必要な人材

一級建築士、インテリアコーディネーター、マンションリフォームマネジャー、ホームインスペクターなど、リフォームに関する資格も多い。資格者が多いかどうかも安心の基準の1つだ。

4 チーム力
チーム力がリフォームを成功に導く

営業、コーディネーター、現場監督、職人など、関わるすべての人々のチームプレーがよい家づくりを実現させる。チーム力の有無はとても重要なのだ。

施工力

いくら素晴らしいプランでも、それを着実に施工できなければ意味がない。確かな施工力を持っているかどうかの判断材料を知っておこう。

1 最近の施工実績
施工実績も直近1年に注目

施工実績が多いということはいろいろな失敗も経験して実力を備えているはず。最近のニーズにも対応できているか、直近1年の実績を確認してみよう。

2 トータルでの施工実績
経験が表れる施工実績の多さ

立ち上げてすぐの会社よりも、できるだけ施工実績が多い会社の方が信頼感は増す。少なくとも創業5年以上の会社を選びたい。

3 職人力
腕がよく意識の高い職人の有無

職人の情熱と腕の良し悪しはリフォームの成功を左右する。勉強会や安全研修会に積極的に参加するなど、意識の高い職人がいるかどうかも肝心。

4 得意な施工
リフォームにも得意分野がある!?

修理・修繕からマンションリフォーム、全面改装までリフォームもさまざま。満足度の高いリフォームをするために、得意とする施工は何かを聞いてみよう。

アフターサービス力

工事が終わってから永きにわたって必要になるのがアフターサービス。責任ある工事ができるかどうかの判断材料にもなるため、重視したい。

1 保証力
工事品質の保証も万全に

保証期間は要確認。10年保証といっても部分的な場合もあるので細かくチェックを。リフォーム瑕疵保険に入るのも安心感を高めることにつながる。

2 定期点検
定期点検の実施で工事後も安心

工事終了後が本当のお付き合いのはじまり。1・2・5・10年と営業担当者が顔を出してくれたり、何かあったときに言いやすいメンテナンスハガキをくれるのもうれしい。

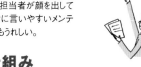

3 小工事専門部署
心強い! 不具合対処の専門部署

工事後に不具合が起きたとき、修理・修繕に迅速に対応する小工事専門部署の存在はお施主様に大きな安心感をもたらし、特に緊急性の高いときほどありがたいもの。

4 会社の仕組み
迅速な対応が仕組み化されているか

営業担当者の「私に任せてください!」という言葉ほどあてにならないものはない。会社として、情報誌の発送やイベント案内ハガキなどを通じ、担当が変わっても対応できる仕組みがあるかどうかを確認しておこう。

経営力

リフォーム後のサポートを期待しても、会社がなくなればそれも不可能に。地元に根ざして着実な経営をおこなっている会社を見極めることも大切だ。

1 理念経営
着実な経営は理念から

「何のためにこの会社に集まり、働いているのか」という理念が社員全員に浸透し、明確な目的意識に沿った経営を着実におこなっている会社を選ぼう。

2 管理力
徹底した管理で満足度もアップ

迅速なクレーム対応と再発防止のための情報共有、業務効率化によるコストダウンなど、管理面でお施主様の満足度を高める努力も重視しておきたい。

3 ワンストップ力
不動産からリフォームまで

住宅ローンや不動産売買の手続きも含めて相談できるため、不動産取引、新築、リフォームまで一貫したワンストップサービスを手がける会社は心強い。

4 財務力
健全な財務力が示す安心感

会社選びの決め手になる「安心感」は、健全な財務力からうかがえる。信用調査会社の評点や銀行の評価など、広告では見えないことも大切だ。

理想のリフォームを叶えるためのパートナー探しのコツ。

失敗しないためのリフォーム業者選びのポイント

いざリフォームするとなると、どの業者に頼めばいいか迷ってしまうという人は多い。
最終的には「安心できる業者」ということになるが、それを見極めるには判断材料があまりに少ない。
そんな悩みを解決すべく、後悔しないリフォーム業者選びのコツを伝授しよう。

1

業歴の長さだけで安心しない。
時代の変化に対応しているか
どうかを見極める

リフォームのようにほとんどがオーダーのような仕事は、経験も必要なので業歴も業者選びのポイント。しかし業歴の長い業者の中には、旧態依然とした考えで時代の変化に追いつけず急に業績が悪化するケースも。「業歴が長いから安心」という思い込みは禁物だ。

2

「できる」と「満足させる」は違う
業者に何が得意分野か
聞いてみるのもひとつの手

リフォームと一口に言っても、水漏れの補修から器具の取替え、全面改装までさまざま。各業者にはそれぞれ得意分野があり、今考えている工事と合致すれば相談する価値はある。「何が得意ですか？」と聞いて「全部です」という業者は気をつけた方がいいかも。

3

「○年保証」という年数だけでなく
アフターや保証に対する
その会社の姿勢を見て判断

リフォームするときは事前に保証書を確認すること。「保証書を見せてください」と言って、そのときすぐに出さない業者は、アフターや保証に力を入れていないと思われても仕方がない。年数の長さだけでなくその会社のアフターや保証に対する姿勢を見ることが大切。

4

商談時や打ち合わせ時のメモを
きちんととり、議事録として
提供してくれるかチェックしよう

リフォームに関するクレームは、工事前の決めごとや打ち合わせ上のことが多く「言った、言わない」の問題が発生することもしばしば。商談時や打ち合わせ時に話したことをそのつど記録し、議事録として渡してくれるかどうかは大きなチェックポイントになる。

5

会社案内をしっかり読んで
安心感を得られる
"証拠"を探す

会社案内は一般的に新卒者や取引先に配るもので、比較的男性的につくられているものが多い。しかし、リフォームで大切なのは安心感。経営者の思いや会社のスタッフ、施工事例、お客さまの声などの内容が入っている会社は、その安心感に応えようとする姿勢が見える。

6

工事に欠かせない養生。
養生の具体的な方法を
教えてくれる業者は信頼できる

着工の前日にだけ養生をする、無料サービスにして他の見積もり項目に含める、職人任せで簡単にすませる会社は要注意。リフォーム工事において、養生はとても重要で、どのような方法でどこまでおこなうか事前に確認しよう。具体的に教えてくれる業者は安心だ。

7

リフォーム成功のポイントは
何でも言いやすい
適度な距離間の業者を探すこと

兄弟や知人が運営する会社でリフォームした人で「知り合いということで、何かあっても何も言えない」という不満をよく聞く。リフォームを成功させるには、何かあったときに言いやすい業者を選ぶこと。あなたにとってちょうどよい距離の業者を探してみて。

8

リピートや紹介の
仕組みがあるかどうか
サービスで見極める

リフォームは「リピート」や「紹介」がなければ、成り立たない業種。お客さまから集めた声をサービスで生かしたり、定期的にDMや案内を送って「リピート」や「紹介」を促進している業者は、お客さまが満足することに力を入れており信頼できる業者といえるだろう。

9

言いにくいことでも
ちゃんと聞いてくれそうな業者か
「言いやすさ」に重点を

リフォームは家の出来栄えだけでなく、工事中のストレス、近所への気配りなど、家本体以外にさまざまな問題がかかわってくる。ささいなことでストレスをためないためにも、気になったことはすぐに相談できる「いいやすい業者」を選ぶことが大切だ。

10

「丸投げ」を回避するため
どんな職人さんがくるのかを
あらかじめ質問する

最初の業者が営業だけをおこない、手配や管理、施工の一切を別の会社に任せてしまう「丸投げ」。トラブルの原因になる典型的なケースだ。それを見極めるには「どんな職人さんが来るのですか?」と聞くこと。あやふやな答えだった場合は「丸投げ」の可能性あり。

11

会社やスタッフとの
相性を知るには
会社を訪れるのが1番

会社を訪れたときのスタッフの対応や、相談したときに的確なアドバイスをくれるかどうか、施工事例などを見せて丁寧に説明してくれるかなど、会社を訪れないとわからないことも多い。「とにかく現場を見ましょう」とせかす業者は要注意。相性のよい会社を見極めて。

12

チェックするのは
施工例の総数ではなく
ここ1年の施工実績

経験が少ない業者よりも多い業者の方が信頼できるのは当然のこと。大切なのは、施工のトータル数ではなく、最近の実績がどれぐらいあるか。お客さまのニーズは多様化し常に変化している。その流れに敏感な会社=お客さまのことを一生懸命考えている会社といえるだろう。

信頼できる業者選びのポイント〈見積もり編〉

見積もりのマナー

❶ 伝えておこう

相見積もりを取る場合はそのことを業者に告げよう。一般的なマナーとして、伝えておくことが望ましい。そのことが業者の緊張感を生み、お施主様に有利に働くこともある。

❷ 別々の時間に呼ぼう

現場調査は1社ごと、別々の時間におこなおう。時間的な余裕がないからといって、コンペのように複数業者を同時に呼ぶのはNG。業者側からすれば非常にやりづらく、結果的に信頼関係も築きにくい。手間暇を惜しまず、1社ずつ対応してほしい。

❸ 決めたら断りを入れよう

業者を決めたら他の業者に断りを入れよう。業者によっては今後に向けた改善に役立てるため、「なぜ当社が選ばれなかったのか」という理由を知りたいと言われることも。そのときは、感じたことや思ったことを正直に伝えてあげよう。

❹ 何がどこまで含まれているか

見積書の中でわかりづらいのが「諸経費一式」という表記。リフォーム工事の諸経費とは、各種保険や現場工事をスムーズに進めるためのさまざまな経費で、業者によって幅がある。これは、書き方の違いによるもので、「フローリング工事一式10万円」と書く業者もいれば、「材料が6万円、工賃が3万円、諸経費が1万円」と書く業者もいる。見積書の一部だけに気を取られることなく、トータルで納得できる見積もりで判断することが大切だ。

❺ もしもの時の追加料金

リフォームでは、予測不能な事態で追加料金が発生したという話をよく聞く。この場合、見積り内容にどこまでの工事が含まれているかがポイント。表面的な工事の業者とリスクを考慮した業者では金額に差が出る。内容を事前に確認しよう。

床をはいだときに下地が傷んでいたら、補修料金が別途必要ですか?

お風呂を壊したときに土台や柱が腐っていたときは、追加の工事料金が発生しますか?

考えられる追加費用としてどんなものがありますか?

このように尋ねてみてください。

より具体的に聞いておけば、予測不能な事態が起きても冷静に協議しながらベストな方法を探すことができる。工事終了から本当の付き合いがスタート。「よい関係」を築いておくことが大切だ。

家の寿命も左右する？
外装リフォームは
専門性の高い塗装が命。

塗装に特化した外装リフォームの依頼も多く手がける
わが家のマイスター各務原店の浅野マイスター。
リフォームにおいて塗料が果たす役割の重要性を認識し、
手頃な価格帯で品質のよいリフォーム工事をおこなっている。
そんな浅野マイスターに外装リフォームをおこなうにあたって
大切にしていることや、塗料選びのポイントについて聞いてみた。

わが家のマイスター各務原店
二級建築士
浅野マイスター
美観と性能を両立した長期優良化リフォームの匠。末永く大切に住み継ぐ家、住む人にやさしい健康で快適な暮らしをご提案

Q1 塗装会社とリフォーム会社違いはどこにある？

　塗装会社はあくまでも外壁や屋根をきれいに塗装することが仕事ですが、私たちは表面だけでなく家の構造まで見た上で最適な塗料を選び、屋根や外壁の劣化具合によっては、葺き替えや雨樋の交換などをおこないます。病院に例えるなら、私たちは総合病院、塗装会社は皮膚科のような位置づけでしょうか。総合病院で診てもらった結果、皮膚科の受診をすすめられることもあれば、意外なことに内科の受診をすすめられることもあります。皮膚の治療よりも、内科的治療をおこなった方が根治につながるケースです。外装も同じく、屋根材や外壁材からやり直した方が長期的に得策なこともありますし、住宅に精通しているからこそ最適な塗料を選択できるともいえます。お客さまに正しい判断をしていただけるよう、そうした総合病院的な立場でありたいと考えています。

総合病院的な立場から外装リフォームを提案

Q2 塗装には欠かせない塗料にもトレンドはある？

　技術開発が進み、塗料も20年前に比べると優れた製品がたくさん出ています。一昔前はウレタン系塗料が主流でしたが、その後シリコン系塗料が取って代わり、現在は高付加価値塗料といわれるものが多く使われています。これは、長期優良住宅に象徴されるように、家の寿命が以前よりも長くなり、これまで7年が寿命と考えられてきた塗装も15年サイクルといわれるように長持ちするものが求められる

■ **リフォーム会社の値段**

リフォーム金額が安いからといって、安易に業者を決めるのは問題アリ。それは…

◎ **リフォーム会社＝総合病院**
◎ **塗 装 会 社 ＝皮膚科**

悪いところを総合的に判断して正しい処置をする。
ゼネラリストといえるリフォーム会社には安心という大きな付加価値が。よって…

選ぶのはあなた次第!!

ようになってきたからです。できるだけ塗替えの回数を少なくしてトータルコストを抑えられるよう、私たちも新しい商品知識を常に取り入れるように心がけています。
　ただし、例えば日焼け止め化粧品の効果がいくら強くても、肌に合わなければ使えないのと同じように、その家の屋根や外壁の材質に合った塗料を選択しなければ、いくら高付加価値塗料が以前よりも安くなってきたからといって使っても意味がありません。やみくもに新しい製品を取り入れるのではなく、適材適所を踏まえた塗料の選択こそが最も大切なのです。

トレンドよりも適材適所塗料は正しい知識を持って選択すべし！

Q3 お客さまの"塗装ニーズ"は以前と変わってきたのか？

　情報化社会が進み、機能性の高い高付加価値塗料が登場してきたこともあり、塗装に対するお客さまの認知は以前よりもかなり高まってきたことを実感しています。例で言えば、断熱塗料の「ガイナ」はテレビのドキュメンタリー番組でも取り上げられ、かなり広く認知される

■外装リフォームは塗るだけじゃない。

外壁・屋根のリフォームは塗装だけではない。例えば壁は、今ある外壁に新しく塗装をする塗替えと、劣化が激しければ張替え、今ある外壁の上にさらに外壁を補う「カバー工法」がある。一方屋根も、塗替えや葺き替えのほかに、ガルバリウム鋼板で既存の屋根にかぶせる「カバー工法」がある。どの工法も、下地や躯体の状況を見極めて適切な工事をおこなうべきであり、これらを含めて、外装リフォームという。

外装リフォーム
塗装・張替え・カバー工法・葺き替えなど、
塗装はその中の一択
意匠性ということではそれぞれ特長があるが、劣化状況やコスト、メンテナンス期間など違いがあるため、好みやライフスタイルに合わせて選べるのが外装リフォームのよいところだ。

になりました。お客さまが具体的に塗料を指定されるケースも増えています。「とりあえず外見がきれいになればOK」という方は減ってきていますね。建物の内部までしっかりチェックした上で塗装をしてもらいたいと考えるお客さまが増えていると思います。

Q4 新しい塗料の選定はどのようにおこなっている?

新製品でも、メーカーからすすめられた塗料をそのまま使うようなことはしません。メリットやデメリットを踏まえ、自分なりの見解をもってから判断します。職人さんやお客さまに相談しながら見極めることも大切なので、はじめのうちはお客さまに値引きをしてサンプルの塗料を試させていただくこともあります。そこでいただいた正直な感想や意見を参考にしながら、サンプルを吟味していきます。さらに、塗料を使う職人さんにも意見を求め、塗りやすさなども考慮しています。そうして実際に使うのは100個のうち1〜2個程度。それくらいしっかり吟味し、自信をもってすすめられるようにしています。また、弊社では塗板見本を準備し、リフォーム前とリフォーム後の色の違いがないように工事前に見ていただいています。

Q5 ズバリ聞きたい!今おすすめの塗料は何?

私が個人的におすすめしたい塗料は、下表の4種類です。どれも機能性が高く、それぞれ優れた特色をもっていて、お客さまからの人気も高いです。

ただ、こうした高機能塗料への期待はもちろんありますが、私たちは塗装会社ではなく、あくまでも外装リフォーム会社です。家の構造や材質をしっかり見極めた上で工事にあたることがこれからも私たちの使命であり、義務だと考えていま

す。自己研鑽を重ねながら、今後もお客さまそれぞれの家の劣化状態に合った塗料を的確に提案できるよう、努力していきたいと思っています。また、外装リフォーム業界の発展とお客さまに提供する外装の品質向上も期待していただきたいです。

外装リフォーム会社として
知識と経験に基づく塗装を

■浅野マイスターおすすめの"塗料4選"

□パーフェクトトップ………	紫外線による塗膜劣化対策として、優れた耐候性を持つ上塗り塗料。サイディングボード、モルタル壁など、さまざまな部位に適用できる。
□ガイナ………………………	ロケット開発技術から誕生した画期的な断熱塗料。冬場は断熱、夏場は遮熱の効果をもち、冷暖房効率もアップ。室内の壁に塗ると空気をきれいにする効果も。
□アステックペイント………	伸縮率600%の塗膜で、ひび割れに強く、外から水が浸入するのを防ぐ。高耐久性で、建物の最大劣化原因である紫外線にも強く、塗装が長持ちする。
□日本ペイント4Fフッ素…	強い紫外線や風雨など過酷な状況下でのテストをクリア。4Fという種類のフッ素を使い、仕上がりのよさや耐久性、親水性が特徴。美しさを長く保つ効果がある。

膨大な種類がある塗料製品の中から、浅野マイスターが自らの専門知識と経験を踏まえて選び抜いたのがこの4種類の塗料。わが家に合った塗料はどれなのか、信頼できる業者としっかり相談をしよう。

外壁・屋根素材は
素材によって性格もさまざま
補修方法と塗装時期を知ろう

外壁素材

外壁は、お施主様の家によって素材や工法が違う。当然のことながら、外観の印象も異なるのだ。リフォーム工事に取り掛かる際には、そうしたことに留意し、素材の性格などを熟知しておくべき。

金属サイディングボード

こんな症状はチェック！
- ☑スチール素材：サビ、褪色
- ☑アルミ素材：傷がつきやすい

塗装目安10〜15年

スチールやアルミニウムなどの金属鋼板のこと。デザイン性・耐久性に優れた表面材と断熱性・防火性に優れた裏打材によって形成され、軽くて耐久性に優れる。美観、防カビのために10〜15年で要再塗装。塗膜を傷めてしまった場合はすぐに処置が必要だ。

窯業系サイディングボード

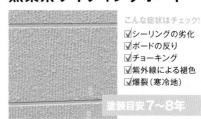

こんな症状はチェック！
- ☑シーリングの劣化
- ☑ボードの反り
- ☑チョーキング
- ☑紫外線による褪色
- ☑爆裂（寒冷地）

塗装目安7〜8年

セメント質と繊維質を主な原料として板状に形成した素材。タイル目、レンガ調などデザインが豊富で最近最も主流で使用されている。基材は吸水性があり、防水機能は塗膜に頼っているため、塗膜の劣化を放置すると建物の構造に大きなダメージを与える可能性も。

モルタル

こんな症状はチェック！
- ☑モルタルの剥離
- ☑紫外線による褪色

塗装目安8〜10年

セメントと石灰や砂を混ぜて水で練った素材。施工が容易でコストが安いため、新築時の最もポピュラーな吹きつけ仕上げ材として使用されていた。強度が強く耐火性に優れるが、防水性能が低くなると急激に劣化が進み、ひび割れが発生する。

ALCボード

こんな症状はチェック！
- ☑クラック
- ☑シーリングの劣化
- ☑紫外線による褪色
- ☑チョーキング
- ☑塗膜の浮き剥がれ
- ☑コケや藻の発生
- ☑爆裂（寒冷地）

塗装目安8〜10年

コンクリートを軽量気泡化した外壁材。断熱性、耐火性、耐久性に優れ、マンションなどに多くみられる。塗装が劣化したままだと防水性が乏しいため、内部からボロボロに。手遅れになると、下地補修からの復旧が必要となるので早めの再塗装が重要。

コンクリート壁

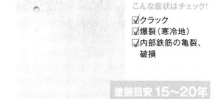

こんな症状はチェック！
- ☑クラック
- ☑爆裂（寒冷地）
- ☑内部鉄筋の亀裂、破損

塗装目安15〜20年

水とセメント、砂、砂利を混ぜたコンクリートは、最も強度のある外壁材。しかし、経年化で防水効果が劣化すると、コンクリートの内部に水がしみ込み、専門的な改修が必要となるケースがあるので注意しよう。

羽目板

こんな症状はチェック！
- ☑腐朽

塗装目安3〜5年

木材は乾燥収縮等が起こり、割れ目が生じる可能性があるため、厚みのある材料を使用することが大切。板の重ね部分が不十分だとつなぎ目から雨水が吹き込むこともあり、家の変化を注視しながら、しっかりとしたメンテナンスが必要になる。

タイル

こんな症状はチェック！
- ☑割れ欠け
- ☑シーリングの劣化
- ☑剥離脱落

塗装目安10〜15年

色落ちや劣化が少なく、高い耐久性を誇る外壁材。塗装品と異なり、年を経るごとに重厚感を増すのも大きな魅力だ。割れ欠けなどが発生していないか、剥離脱落がないかなどのチェックが必要だが、メンテナンスの必要はほとんどない。

レンガ

こんな症状はチェック！
- ☑コケ
- ☑割れ欠け
- ☑剥離脱落

メンテナンスフリー

欧米では1000年前の建物にもレンガが使用されており、その耐久性は折り紙付き。基礎の上からレンガを積み上げ、鉄筋補強をすることで、高い耐震性を誇る。遮熱・遮音・耐火・耐候性など優れた機能を持つ上、メンテナンスの必要がない優れた外壁材。

樹脂サイディングボード

塗装目安 10〜20年

塩化ビニール樹脂を主な素材とし、弾力性や耐久性が高く、熱の伝導率も低い機能的な材料。材料自体に顔料が練り込まれているため、長期間使用しても色が剥げたり、色落ちしない。シーリングは使用しないので、シーリングの打ち替えの必要もなし。

トタン張り

塗装目安 10〜15年

外壁に使用されているトタンは、「プリント」といわれる木目調の塗装をされたものが多く、築30年以上の建物に多く使用されている。金属素材のため、防水性が抜群で耐久性にも優れているのが特長。現在は外壁に使用されることはほとんどない。

漆　喰

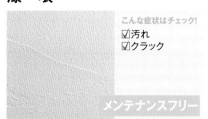

メンテナンスフリー

消石灰、砂、海藻糊、すさと水を練り混ぜたもの。古くから城や蔵の外壁に使用され、防火性に優れる。長期的には黒ずみが発生しやすいため、黒ずみを抑えるコーディング剤や雨がかかる部分にはほかの汚れに強い素材で張替えるのが一般的。

屋根素材

気が付きにくい屋根もまた、長い間直射日光や風雨にさらされて劣化がはじまっている。屋根のリフォームで長期にわたって耐久性をアップしよう。

スレート系（カラーベスト）

塗装目安 7〜8年

代表的な屋根の1つで、石質の薄い板を使用。劣化すると表面の割れや反り、屋根面の接合部の下地の腐食、板金を止めている釘の浮きが起こりはじめる。10年以上経つと汚れやコケが付いたり、色あせも目立つようになるので、内部に腐食がないか点検をしてもらおう。

セメント系

塗装目安 10〜15年

セメント瓦とは、セメントと川砂を1対2〜3の割合で混ぜたモルタルを、型に入れて形成し塗装したもの。紫外線・風雨・温度変化などで塗膜の劣化が進行すると、素材のセメントの劣化も早くなるので、もろくなる前に定期的なメンテナンスがおすすめ。

粘土系（瓦）

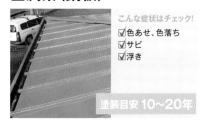

塗装目安 20〜30年

寿命が長く、色落ちなどがほとんどない和瓦。汚れがひどい場合は洗うか、部分的に交換するかを検討する。ズレや浮きがあれば、瓦を固定している屋根面の接合部の漆喰が崩れている可能性あり。コケや雑草を放置すると根から雨水を屋根に引き込む原因になる。

金属系（銅板）

塗装目安 10〜20年

サビにくい金属として古くから使われている、最も安くて経済的な屋根材。銅は緑青（ろくしょう）が出て、緑色に変色すれば、それ以降長期にわたって使用できる。接する素材との組み合わせで劣化が早くなると言われているので注意が必要。

金属系（ガルバリウム鋼板）

塗装目安 20〜30年

アルミニウム、亜鉛、シリコンからなるメッキ鋼板のこと。アルミと亜鉛で鉄を守るため、耐久性・防火性に優れ、積雪寒冷地や海岸地域、強風地域などでも使用できる。新建材で経年劣化の事例はないが、接合部の施工不良によるサビの発生などはある。

外壁塗装の性能をしっかり発揮させるために作業工程を知ろう。

外壁塗装の工程

どんなに優れた塗料を使っても、正しい作業工程を順序立てておこなわなければその性能を発揮することができない。
ここでは、外壁塗装の作業工程を女性のお化粧に例えてわかりやすく説明しよう。

お化粧

■ 準 備

ドレッサー

まずは必要なものを、整理しながらしっかり準備

■ 下地処理

洗 顔

石けんで汚れを浮かし、きれいな水で洗い流す

化粧水

皮膚を保湿して、肌の調子を整える

■ 塗 装

保湿クリーム

肌と化粧品が密着するよう、肌の表面を滑らかにする

外装塗装

養生

安全確保のため、まずは足場を組む。清浄水や塗料の飛散防止のため、メッシュネットなどで覆う

バイオ洗浄

汚れを洗い流す。大切な下地処理の一部で、ここが不十分だと塗替え後、剥がれなどの原因に

下地補修

ひび割れのシーリング処理や剥がれた塗料の除去、サビ止めの塗布などをおこない、下地を調整

下塗り

素材と塗料の密着をよくするためにおこなう作業。本塗装の発色もよくする

きれいに洗って、傷を補修。ベースをしっかり整える

肌と同じで石けんで汚れを落とし、水で洗い流して、きれいな面をつくる。傷があった場合は、それぞれの傷に合った直し方を施そう。
せっかくの高額なお金をかけてのリフォーム。念入りな補修をおこなってもらおう。ベースがしっかりきれいになっていないと、何を塗っても剥がれてしまう。

> **上塗りをきれいに仕上げるために、
> きちんとした重ね塗りをおこなう**
>
> ベースがきれいになったら、本番の塗料を塗っていく。お化粧と一緒で、塗り残しやムラがでないように、均一に塗っていくことが大事。そのためにも、1回で塗り終わらず、回数を分けて丁寧な作業をする。

■ 付帯部分の塗装　**■ 確　認**

化粧下地
ベースになる色味を、整った肌に塗っていく

ファンデーション
1番人目に触れる部分。仕上げは丁寧に

口紅・アイメイク
印象が変わるポイント。急いでいるとおろそかに

鏡チェック
ムラがないか、きれいに仕上がったかをチェック

仕上げ塗料❶
下塗りと上塗りの中間に塗りつける層。平滑な下地をつくったり、上塗り剤の補強が目的

仕上げ塗料❷
中塗りと同じものを塗り、塗りムラをなくし、厚みをつけることで機能性を高める。2度塗りで耐久性を確保

付帯部分
外壁、屋根以外の雨樋や通気口、鼻隠し、破風など、付帯部分の施工も忘れずに

点検・解体
仕様書と照らし合わせながら、仕上がりを確認。満足できない箇所は手直ししてもらう

塗料が性能を発揮するには正しい作業工程が重要

外壁塗装はまず下地補修からスタートする。これは塗装をする前に、塗装面の汚れをしっかり落として下準備すること。化粧に例えるなら、化粧前の洗顔や肌のお手入れといったところだ。

下地補修は、塗装が終わってしまえば見えなくなってしまうが、最も重要な作業工程。丁寧な施工と一口に言っても、その仕事に携わる担当者や職人の仕事に対する目に見えない想い、姿勢が施工品質に現れてくる。しかし、その仕事ぶりがわかるのは3年、5年、10年後。塗料の性能は作業工程で大きく左右される。工程を飛ばしたり、同じ色の塗料で塗り忘れを防ぐためにも、「完全色分け3工程仕上げ」がおすすめ。誰が見ても一目瞭然にするために、下塗り・中塗り・上塗りは色を分けておこなう方がよい。

工期は一般的に30坪程度の戸建ての場合で10日〜14日。天候や環境、劣化状態などにより1カ月かかることも。しかし、塗料の性能をしっかり発揮させるためには工程が最も重要だということを忘れないでほしい。

外壁を直す場合は
"屋根も同時"に直すのが
断然おすすめ！

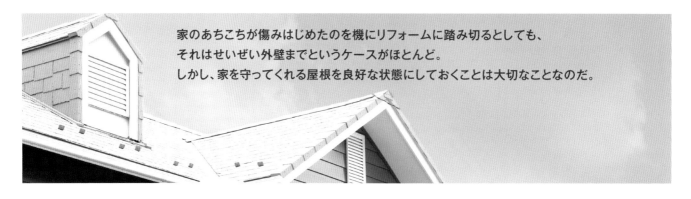

家のあちこちが傷みはじめたのを機にリフォームに踏み切るとしても、
それはせいぜい外壁までというケースがほとんど。
しかし、家を守ってくれる屋根を良好な状態にしておくことは大切なことなのだ。

外壁リフォームをするなら
屋根の傷みもチェック＆修復

　家の壁の傷みや設備の不具合には気づいても、普段目が届かない屋根の傷みにはなかなか気づきにくいもの。実際、住宅リフォームにおいて「屋根をリフォームしたい」という依頼はそれほど多いとはいえないのが実情だ。

　しかし、屋根は紫外線や熱、風雨を直接受けるという過酷な環境に常にさらされているため、家の中で最も傷みやすい場所の1つ。例えば内壁に傷みが見られる場合、屋根が劣化して雨漏りなどが起きているせいで水が屋内に入り込み、内壁や柱などの構造材にカビや腐食を起こしてしまっていることもある。例え雨漏りしている部分をふさいでも、ほかの経路を伝って雨漏りすることもあり、右表のように原因は実にさまざま。解決のためには、根本的な原因を特定するための専門知識や経験が必要なのだ。ましてや、日本は台風や地震が多く、屋根をきちんとメンテナンスすることは家の寿命を延ばすことにつながる。実際、屋根をチェックしてみると「想像以上に屋根の劣化が進んでいた」ということも多いという。

　よって、屋根の定期的なメンテナンスはとても大切。しかし、突然の訪問営業で無料点検に応じてすぐに契約するのは厳禁。必要以上に不安をあおってその場で契約をせまるような悪質な業者による被害も多いからだ。必ず家族としっかり相談してから確かな業者を選んで依頼しよう。

　最も重要なことは、着実な計画を立ててリフォームをおこなうこと。屋根のリフォームには屋根そのものの工事のほかに、足場の組み立てと撤去工事の費用が必要になる。この費用は、何かのかたちに残るものではないため、いわば"消え物"の代金。屋根のリフォームだけをするために支払うのは実にもったいない話だ。しかも、屋根も外壁も、通常は新築時の同じ時期に塗装されており、たいてい同等グレードの塗料が使われているため、どちらも再塗装などメンテナンスが必要になる時期はほぼ同じ。そこで、外壁や雨樋などのリフォームを屋根と一緒におこなう方が結局はお得ということになる。それをおこなうためには、1年に1〜2回程度、家をぐるっと見渡してチェックをする機会をもつようにしたい。屋根や外壁は、ある日突然傷むわけではないため、簡単な目視でもチェックしておくことはとても重要。それによって家を長く維持するために長期的なメンテナンス計画を立て、できるだけ無駄な費用をかけず効率的にリフォームができるよう検討することができる。なお、屋根塗料の耐久年数は外壁と比べると短くなることも多く、予算に余裕があれば屋根は1〜2ランク上の塗料を採用した方がよいといえる。

■屋根の主な雨漏り原因

①家を建てたときの施工不良
施工業者の未熟な工事→築年数が浅い場合は施工してもらった業者に早めに相談しよう。

②屋根の劣化
築10数年が経ち、屋根材が劣化した箇所から雨水が浸入。

③屋根の破損
台風による屋根飛散や、地震による瓦破損など損傷箇所から雨水が侵入。

④雨樋の詰まり
雨樋からあふれた雨水が壁などから内部に侵入。

⑤太陽光発電や温水器設置箇所から
穴を開けて設置したため、不適切な処理やシーリングの劣化箇所から雨水が浸入。

■足場が必要なリフォーム

○外壁の塗替え・
　サイディング工事

○屋根の葺き替え・塗替え
　（緩勾配な屋根は不要）

○雨樋交換

○破風や軒天の工事

○太陽光発電システムの取付け

○高所の窓、雨戸の交換・取付け

○高所の庇、霧除け工事

○そのほか、高所の外壁を
　補修する工事が絡むもの　など

**1度にまとめての
リフォームがお得!!**

足場をかけたら徹底活用

屋根や外壁工事に不可欠な足場にかかる費用は、一戸建てで20万円前後。足場なしでは2階の壁に届くことができず、勾配がきつければ屋根まで足場を組む必要も出てくる。このように、足場は必ず必要なものだが、金額がかなり大きいため、できる限り有効活用しなければもったいない。

よって、足場絡みの工事はできるだけ1度にまとめておこなうことが大事だが、実は屋根や外壁以外にも足場が必要なリフォーム工事は左ページ下の表のように意外と多くあるもの。ベランダのない高所の窓のリフォームなどは意外な盲点だ。これらを頭に入れ、効率的なメンテナンス計画を立てることは、トータルコストを削減できるとともに、リフォーム工事にかかる時間短縮にもつながる。下表のように、外壁と屋根のリフォームを別々におこなった場合は、1度に済ませる場合と比べて40万円もの差額が生まれるケースも。足場は1度かけたら徹底活用できるよう、しっかり準備しておこう。

外壁と屋根 リフォーム料金の比較

外壁と屋根を別々でおこなった場合の一例

外壁塗装		屋根塗装	
足場代	20万円	足場代	20万円
洗浄剤	10万円	洗浄剤	10万円
塗装(壁)	80万円	塗装(屋根)	40万円
付帯工事	20万円	付帯工事	20万円
合計130万円		合計70万円	

[130万円+70万円] **合計200万円**

外壁と屋根を一緒におこなった場合の一例

外壁・屋根塗装	
足場代	20万
洗浄剤	10万
塗装(外壁・屋根)	110万
付帯工事	20万
合計160万円	

40万円の差額!!

屋根の劣化は軽度な間に対応、重度になれば費用も高額に

屋根の劣化は軽度なものから重度なものまであり、重度の場合は葺き替えやカバー工法といった工事が必要になる。特に、既存の屋根材をすべて剥がし、下地を補修してから新しい屋根材に取替える葺き替え工事となると、やや割高になってしまう。

しかし、軽度の劣化であれば塗替えだけで対応できるため、外壁とほぼ同じ工程で工事が進められ、それほど工事費用が高くつくこともない。紫外線や雨風などによるダメージで塗料がもつ性能が失われ

ていくのを放置すれば、雨漏りなどを起こすほど重度の劣化につながり、結果的に高い工事費がかかってしまいかねない。よって、繰り返しになるが日頃から継続的にチェックしておくことが何より大切。

ちなみに、屋根を塗替える際には色選びで気をつけたいポイントがある。周辺の家や環境になじませる、外壁との色調を整える、色あせが早いため鮮やかすぎる色は避けるなど。屋根の重要性をしっかり認識し、家が少しでも長持ちするメンテナンスを心がけよう。

■屋根塗装施工管理

屋根塗装も下地補修の良し悪しで品質が決まる。塗装が剥げないよう、また、塗料本来の機能を十分に発揮させるためにも、下記のように下地補修を着実におこなうリフォーム会社を選びたい。

足場仮設・養生	安全に作業ができるようにしっかりとした足場を組み、塗料が周囲に飛散しないよう、周りに飛散防止のためのネット張りを実施。
高圧洗浄	屋根に付着したカビやコケ、ホコリなどを高圧洗浄で洗い流す。通常は60〜100kg/cm²の圧力だが、傷み具合などによって調整。
下地補修	欠損部分やひび割れを補修。塗膜の脆弱部やサビを落とす「ケレン」という作業を慎重におこなうことで、屋根塗装工事の品質を向上。
下塗り	下地と上塗り材の密着力を高める役割を果たす専用の下塗り材「シーラー」を塗る。劣化した屋根材に浸透し、既存屋根材を強化。
中塗り	塗料は1度で塗るよりも2度に分けて塗る方がきれいに仕上がるため、下塗り後に再度塗料を塗布。
上塗り	上塗り塗料を塗る。これで劣化した既存の屋根材をしっかりと強化し、長持ちさせる。中塗りと上塗りは基本的に同じ材料を使用。
縁切り	スレートなどの場合、雨水が屋根の隙間にたまるのを防ぐため、屋根材同士が塗装でくっついてしまった部分をカット。
足場解体	塗料飛散防止用のネットを取り外し、組んだ足場を解体。

ご存じですか?

あたたかい家は からだにいい家

断熱リフォームで快適に

日頃、健康のためにしていることを思い出してほしい。

毎日の運動、健康的な食事……と、さまざまな健康対策があるだろう。

しかし、実は、家と健康に深いつながりがあることは意外と知られていない。

家族がずっと笑顔で暮らすために、家の「暑さ」「寒さ」について考えてみよう。

寒い家にはこんなリスクが ひそんでいます

冬の朝、窓ガラスに結露がびっしり付いている——。築年数の経った家ではよくある光景だ。結露は、部屋の中のあたたかい空気が冷たい窓ガラスによって冷やされたことが原因で生じるもの。この水滴が原因で窓の近くに生じるカビに悩む家も少なくない。家にとってカビの増殖はデメリットばかりだ。まず、木造の場合は家の寿命を縮めてしまうばかりか、カビを吸い込むことで生じるアレルギー症状も懸念される。また、そもそも家が寒いとエアコンやストーブに頼ってあたたかくするため、当然ながら光熱費が高くつく。

ヒートショック

結露によるカビ　　光熱費が高い!

ヒートショックの原因。温度変化と血圧の関係

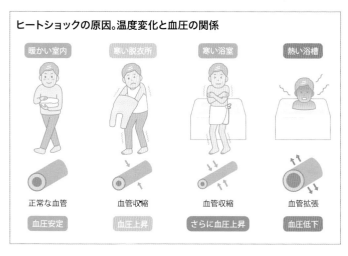

ヒートショックは 交通事故の7倍も

「寒いからリビングの入り口のドアを閉めて!」なんて言うやり取りをしていたら要注意。寒い家で怖いのは「ヒートショック」だ。ヒートショックとは急激な温度差によって血圧や脈拍が大きく変動するダメージのことで、心臓や血管に負担がかかり、心筋梗塞や脳梗塞、脳卒中の引き金になっている。夜中に布団の中からトイレに向かうとき、寒い脱衣室からあたたかい湯船に浸かるときなど、温度変化によって血管が収縮しトラブルが生じる。ヒートショックによる死亡者数は、実に交通事故死の7倍にもなる。

ヒートショックは交通事故で亡くなる方より多い

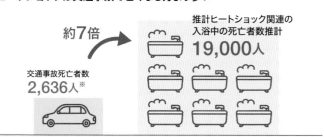

※2021年警察庁発表

出典:東京都健康長寿医療センター研究所より

ヒートショックで命のキケン!

こんなに違う！
寒さを「見える化」してみよう

家の中の温度差は「サーモカメラ」と呼ばれる温度を可視化できるカメラを使って撮影することができる。サーモカメラは温度が高ければ暖色系の色、反対に温度が低ければ寒色系の色で画像に映る。つまり、家のどういった部分が寒さの原因になっているのか？を明確にするのに便利だ。寒さの原因がわかれば、対策も立てやすくなる。内窓の設置など、断熱リフォームで寒さ対策をした後も、サーモカメラを使って撮影すればその効果が一目瞭然だ。

Before

室内の熱が窓から外へ逃げて冷たくなっている

After

内窓を取付けたことで、あたたかい室内の温度が保たれるようになった

出典：わが家のマイスター

あたたかい家は
いいことがいっぱい！

では、あたたかい家にはどのようないいことがあるのだろう？あたたかい家はヒートショックの心配がなくなり、手足の冷えが解消されて血行がよくなるばかりか、アクティブに生活ができる。「寒くてこたつから出られない……」「家の中でも上着を着込む……」なんてこともなくなって、薄着で暮らすことができ、体の力も抜けて気持ちもリラックスする。家の断熱性能をアップさせれば、夏場のむっとした暑さや熱中症も防げ、さらには年間通して光熱費の削減につながりエコな暮らしが実現できる。

ヒートショックの心配なし

夏も涼しい

財布と地球にやさしい

アクティブ

薄着

快眠

あたたかい家は
こんなに体にいい！

近畿大学建築学部の岩前篤教授は、家の断熱性能と健康について興味深い調査をおこなっている。2002年から新築の戸建て住宅に転居した約35,000人を対象に、体の不調症状が改善するか調べたところ、住宅の断熱レベルごとに改善率が変わることが明らかになった。転居前に症状があった人のうち、断熱レベルの高い家に引っ越した人ほど症状の改善率は高くなる。つまりあたたかい家に暮らすことは、せきやのどの痛み、アレルギー性鼻炎などの諸症状によい影響を与えていることが右の表から一目でわかる。

断熱性能が高い住宅ほど、疾患が改善される

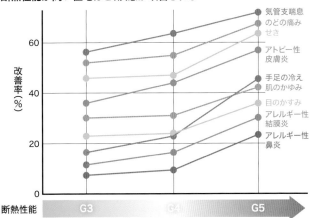

出典：岩前篤「断熱性能と健康」日本建築学会環境工学委員会熱環境運営委員会
第40回熱シンポジウム（2010年10月）

ぽかぽかアクティブ 健康な家

断熱リフォームで快適に

夏は涼しく冬はあたたかく

断熱リフォームとは 魔法瓶のような空間に リフォームすること

飲み物を長時間、保温・保冷ができる魔法瓶のように、冬場はあたたかい室温をあたたかいまま、夏場は冷たい空気を冷たいままキープできる家の能力のことを「断熱性能」という。また、この断熱性能を高めるリフォームのことを「断熱リフォーム」と呼び、1年中快適に暮らせるリフォームとして注目を集めている。

住む人の健康や快適性、建物の寿命にも関わるので、まずは正しく理解することが大切だ。

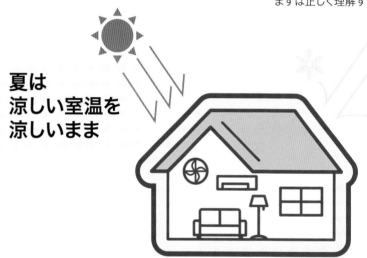

夏は
涼しい室温を
涼しいまま

冬は
あたたかい室温を
あたたかいまま

夏は暑く、冬は寒い原因

夏も冬も、1年中快適に暮らすためには、家の外の温度に左右されないことが大切。夏は室外から室内へ、冬は室内から室外へと熱が移動するため、まずは温度の行き来をシャットアウトするように対策することが効果的だ。水漏れは目に見えるが、熱漏れは目に見えないため、対策が後まわしになりがちだ。しっかりと熱漏れを防ぐことが快適な住まいへの近道だ。

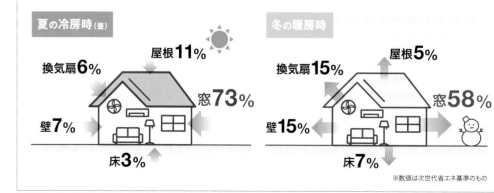

夏の冷房時(昼)

換気扇6%
屋根11%
窓73%
壁7%
床3%

冬の暖房時

換気扇15%
屋根5%
窓58%
壁15%
床7%

※数値は次世代省エネ基準のもの

最も熱の出入りが多いのは窓

住まいの熱の移動を100%としたときに、最も熱が漏れているのが「窓」だ。夏は窓からの熱の侵入が73%、一方で冬は58%の熱が窓から外へと逃げている。つまり内窓の設置など、窓の対策をするだけでも熱の移動を防ぐことにつながっている。

効率のよい断熱リフォームを
まずは窓で熱をシャットアウト

リフォームで断熱性能をアップする場合は「いかに効率よく対策をするか?」を考えよう。家の中でも外の温度の影響を受けやすいのが窓だ。そんな窓の断熱工事は比較的簡単にリフォームができて、しかも効果的。手軽な「窓断熱」リフォームは、結露も軽減されて快適になる。もちろん、よく使う部屋だけの部分的な断熱リフォームや、新築のように家を丸ごと断熱リフォームする方法もあるので、目的や予算に応じて検討したい。

夏　冬

熱気　冷気

冷房効果アップ　暖房効果アップ

涼しさをサポート　あたたかさをサポート

窓のリフォーム工事

手軽で効果的!

キッチンやお風呂、洗面室などの水まわりの工事にプラスして検討したいのが窓のリフォームだ。比較的簡単にできて効果的な内窓設置工事のほか、窓を丸ごと取替える方法もある。

玄関のリフォーム工事

断熱+αの効果!

人の出入りがある玄関も窓と同様に熱の出入りがある場所。玄関の取替え工事は断熱効果を高めることに加えて、家の第一印象をよくしたり、防犯や採光にも効果的だ。

壁・床・天井のリフォーム工事

新築同様の断熱性能に!

大規模な改修工事をするときに検討したいのが、壁・床・天井の断熱リフォームだ。家を丸ごと断熱材で包み込むことで新築同様の高断熱住宅ができる。長く安心して暮らせる家へ。

断熱リフォームの事例
洗面脱衣室

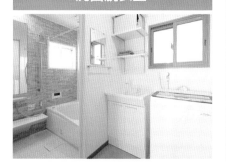

洗面脱衣室に内窓を設置することで断熱性を高め、温度変化を少なくした。ヒートショック対策に効果的。築年数の経った戸建てでは浴室暖房機を設置することもある。(詳しくはP16へ)

断熱リフォームの事例
玄関

1 ペアガラスの玄関引き戸で断熱対策を。同時に外の光が入りこむ明るい玄関に生まれ変わった。**2** 断熱性能・防犯性能の高い玄関ドアに交換。タッチキーを付けて出入りもラクラク。

断熱リフォームの事例
リビング

大規模改修のタイミングで、床・壁・天井に断熱材を敷き詰めた施工例。部屋を断熱材で包み込むことで、まるで魔法瓶のような熱の逃げにくい1年中快適な環境が生まれた。

仕上げの教科書

リフォームの仕上げの工程ではさまざまな素材をコーディネートする。
床・壁・天井の素材をはじめ、スイッチや照明まで、
素材選びの際に参考になるよう、ここでは仕上げで使う普遍的な素材を紹介する。

素材提供：大建工業株式会社/松川建設株式会社/株式会社マエダハウジング

床-1
家具との相性は床の色がポイント
肌触りやお掃除のしやすさにも注目して

複合フローリング

合板の表面に板やシートを組み合わせたフローリング

挽き板
天然木を2〜3mmの厚さに挽き、合板に張合わせたもの。表面に厚みのある天然木を使用しているため、無垢フローリングに近い木の質感が味わえる

突き板
天然木を0.3〜1mm程度にスライスし、合板の基材の表面に張合わせたもの。天然木の風合いを感じながらも、反り、伸縮などが起こりにくい

シート
樹脂や紙などの表面に木目模様をプリントしたシートを、基材に張合わせたもの。天然木を使用していないためリーズナブルで、お手入れしやすい

自然素材系

フローリング以外に選べる、足裏感覚のよいさまざまな素材

縁付き畳
最もポピュラーな縁（へり）のついた畳。並べたときに隙間ができにくい。縁のデザインは多彩で、部屋のイメージに合わせてさまざまなコーディネートを楽しめる

縁なし畳
縁（へり）のない畳のこと。通常は半畳の大きさでつくられることが多い。部屋がすっきりとした印象になり、畳の目を市松模様に並べればモダンな和室を演出できる

コルクタイル
コルク樫（かし）の樹皮を板状に圧縮加工した床材。空気をよく含み、弾力性・吸音性・断熱性・保温性・吸湿性に優れ、足音などの衝撃音をよく吸収する

和紙畳
昔ながらの畳は「い草」が使われているが、最近では和紙でつくられた畳も流通している。豊富なカラーバリエーションのほか、防虫・防カビ効果と耐久性がメリット

床-2

床は視界に入る面積が大きいため
質感のよさや木目の風合いも選ぶポイントに

無垢フローリング

天然の木を切り出してつくった一枚板のフローリング

ナラ

木材が硬いため傷や凹みに強く、長く使い続けられる。日本や中国、ロシアなどが主な産地。耐久性の高さと大振りの木目の美しさから、フローリングや家具に人気

オーク

やさしい木目がナチュラルな雰囲気のオーク材。ナラ材よりもオーク材のほうが少しだけ目が荒くなる。原産地は北米やヨーロッパで、流通量が多く比較的安価

チーク

主に東南アジア原産の高級木材で非常に硬く耐久性がある。天然ワックスの役割を持つタールが含まれているため、お手入れしやすく、年月と共に色合いの変化も

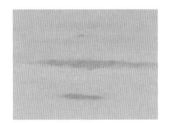

メープル

主に北米原産で、衝撃に強い硬さが特徴。清潔感のある白めの色合いが明るいコーディネートにぴったり。少しずつ飴色に近づいていくため、経年変化も楽しめる

フローリングの張り方

フローリングは、張り方次第でさまざまな表情が楽しめる

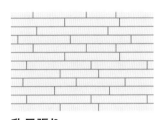

乱尺張り

バラバラの長さのフローリングをランダムに張る方法。天然木からできている無垢フローリングは長さが異なることが多いため、乱尺張りがポピュラー

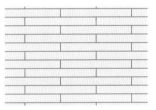

りゃんこ張り

同じ長さのフローリングを等間隔にずらして張付ける。「ずらし張り」と呼ぶこともある。整然とした印象の部屋におすすめ。デメリットは材料のロスがでること

すだれ張り

同じ長さのフローリングを「すだれ」のように接合面をそろえて張る方法。天井に使われる張り方だが、床に応用すると広がりが出て空間が広く見える効果も

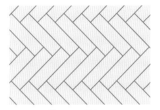

ヘリンボーン張り

ヘリンボーンとは、開きにした魚の骨に似た模様のことを指す。フローリングの張り方は、短く切りそろえた床材を織物のような模様に張る。格調高い雰囲気に

そのほかの床材

目的に応じてさまざまな床材を選べる

クッションフロア仕上げ

クッションフロアとは表面に塩化ビニールが張られたクッション性のある素材。リビングや寝室に用いられるほか、トイレや洗面室に用いられることも多い

塩ビタイル仕上げ

別名「フロアタイル」と呼ばれている床材。本物そっくりの木目模様をはじめ、大理石のような模様などデザイン豊富。さらにマットな質感のものなど、質感もさまざま

カーペット仕上げ

フローリングよりも安価で、冬あたたかく静音性が高い。カーペットの形状はロール状とタイル状がある。タイル状のものは汚れた部分だけ取替えられて便利

左官仕上げ

住宅の玄関まわりで使われるモルタルなどは「左官仕上げ」と呼ばれている。コテの跡、乾燥・伸縮によって生じるひび割れなどは風合いとして楽しめる

壁

ぱっと見たときに目に入る大きな面積
選ぶ楽しさ・こだわりがいがある場所

【躯体】壁仕上げ

躯体(くたい)とは建物の骨格部分を指す言葉である
躯体の素地を生かした、そのままの壁のことを「壁仕上げ」という

石膏ボード

石膏の芯材を、ボード用の原紙で包んだ板状の建築資材。建物の壁や天井の内装材として使われ、防火・耐火などの安全性に加えてコスト面で取り入れやすい

コンクリートむき出し

躯体を生かした仕上げの方法で「打ちっぱなし」とも言われる。構造がRC(鉄筋コンクリート造)とSRC(鉄骨鉄筋コンクリート造)の建物の場合に選択できる

クロス仕上げ

いわゆる壁紙を貼る仕上げのこと
壁紙のグレードや性能によって価格は大きく異なる

無地クロス

無地の壁紙のこと。ビニール製の無地クロスは最も安い価格帯で、表面にわずかな凹凸がついていることが多い。紙や布でできたマットな質感を楽しむクロスも人気

柄クロス

柄のついた壁紙のこと。無地のクロスと組み合わせて「アクセントクロス」にすると、部屋の印象が華やかに。海外製の大胆な模様の柄クロスもチェックしてみて

インテリア壁材

インテリアの1つとして映える、デザインに優れた壁材

内装壁機能建材

内装に使う壁材に、防臭・調湿・化学物質の低減など、空気をキレイにする効果を持たせたもの。定番の「エコカラット」も内装壁機能建材の1つ

木質系壁材

木でできた内装用の壁材。ラグジュアリーなホテルライクなものや、自然の風合いを楽しめるものなど、豊かな表情が楽しめる。腰壁や玄関のアクセントに

黒板壁材

壁の一部を黒板のように仕上げること。黒板壁にする方法は塗料とクロスがあるので、面積や用途によって使い分けよう。もちろんチョークを使って絵が描ける

マグネット壁

鉄粉の入ったクロスや塗料、磁石がくっつく石膏ボードを施工することでマグネット壁ができる。学校のお便りや絵葉書など、マグネットで貼付けられて便利

羽目板

木の板の両サイドに刻みを付け、手軽に組み上げられるようにしたもの。木目や木の質感でお好みの印象に。画鋲を打って写真を飾るなど、スペースのカスタマイズも

左官仕上げ

職人が自然素材を手作業で塗って仕上げる、昔ながらの工法。やや費用がかかるが、素材感や手作業の味わいが魅力

タイル

色や形、質感、大きさなど種類が豊富で、長持ち。釉薬を塗った磁器質タイルは水まわりを楽しく彩る。素焼きレンガのようなブリックタイルはアンティークな雰囲気に

漆喰

消石灰(水酸化カルシウム)がベースの、自然素材でできた塗り壁用の材料。室内に使えば、調湿機能や抗菌効果に優れ、メンテナンス次第で高い耐久性にも期待

モルタル

セメントと砂を水で練ったもので、コンクリートのようなクールな印象にしたいときにおすすめ。手作業で塗るため微妙な色ムラや質感が持ち味

天井

普段はあまり気にしない天井も
内装を左右する大切な部分

【躯体】天井仕上げ

建物の骨格部分である躯体を隠さずにそのまま仕上げた天井のこと
普段見えない梁や配管などがアクセントになる

石膏ボード

石膏の芯材をボード用の原紙で包んだ板状の建築資材。一般的にはクロスの下地材として使われるが、目立ちにくい天井はそのまま内装材にしてコストをかけない選択も

梁あらわし

木造建築で、天井を張らずにあえて梁を見せて仕上げる手法。空間に広がりが生まれ、明るい印象になる。古民家再生のほか新たな木造建築でも採用できる

コンクリートむき出し

躯体を生かした仕上げの方法で「打ちっぱなし」とも言われる。壁はクロスで仕上げて、天井だけコンクリートむき出しを選んでアクセントにすることも可。インダストリアルなインテリアがお好きな方におすすめ

クロス仕上げ

壁紙を貼って仕上げる、一般的な方法
壁と天井のクロスをコーディネートする楽しさを

無地クロス

無地の壁紙のこと。天井のクロスの色は、壁の色と合わせることも、変えることもできる。壁よりも落ち着いた色合いを選べば自然とリラックスできる空間に

柄クロス

柄のついた壁紙。壁のクロスとのバランスを考えて柄を選ぼう。天井を空模様にして楽しさを演出したり、リアルな木目模様で落ち着いた雰囲気にしたりすることも

左官仕上げ

昔ながらの工法で左官職人さんの腕の見せ所
クロスと比べて費用がかかるが質感がよい

漆喰

消石灰をベースに自然素材を混ぜ合わせた白い材料。日本の伝統的な建築に多くみられる。調湿機能に優れ、メンテナンス次第で高い耐久性を誇る

珪藻土

珪藻とよばれる植物性プランクトンの死骸が化石となってできた土。小さな穴がたくさん空いており高い調湿作用や空気清浄効果がある。漆喰同様、柔らかな質感

テイスト別 Interior Coordination インテリアコーディネート

仕上げの素材を選ぶときには、好きなインテリアのイメージをかためておこう。全体のテイストや色合いを決めておくことが、インテリアコーディネートの成功のポイント！

北欧テイスト

日本の住宅と相性のよい、あたたかさを感じる木目がポイント。グリーン、赤、青、黄色などカラフルな色合いもおしゃれ。動植物のプリント柄のファブリックとも相性がいい。

ジャパンディ

北欧と和モダンをベースにしたインテリアコーディネート。自然の色合いを生かした洗練されたデザインで、どんな家具やアートにもマッチする。普遍的で飽きず、永く愛せる。

インダストリアル

コンクリートやアイアン、レンガなどのゴツゴツとした素材と、濃い木目を組み合わせたインテリア。ラフでカジュアル、かっこいい印象をイメージしている方におすすめ。

ホテルライク

生活感のないスタイリッシュ空間。家具の色など統一感を持たせ、直線上に配置する。雑貨やファブリックもテーマカラーを決めるとホテルライクな空間に近づく。

建具

ドアや室内窓は部屋と部屋をつなげる架け橋的存在
空間のアクセントになりオリジナリティーが楽しめる

ドアと室内窓

空間に合わせた材質や形、デザインを自分らしく選べる建具選び。ドアと室内窓の代表的な仕上げ例をご紹介

折れ戸

扉が2つに折れて開くタイプの折れ戸は、間口を広く開口できる。用途に合わせて空間を仕切ったり1つにしたりできるので、間仕切り戸としても活躍する

室内窓

部屋の採光や通気・換気ができる室内窓は、室内の閉塞感をなくし、空間のアクセントになる。FIX窓や開き窓、押し出し窓や引き違い窓などがある

開き戸

扉を開ける前後に十分にスペースがある場合は、取付けが簡単でコスト面もやさしい開き戸がおすすめ。シンプルなデザインが多く、気密性・断熱性が高い

引き戸

開閉するスペースが狭い場合でも設置できる引き戸。開閉がスムーズで、部屋の間仕切りにもよく使われる。採光ドアなら明るくて開放的な空間に。レールタイプの引き戸は少ない力で開閉できるため、小さなお子様やお年寄りにも使いやすい

照明

種類や照らし方で違った雰囲気が楽しめる照明
家族がリラックスできる空間づくりにも役立つ

照明

部屋の用途に合った機能や雰囲気をつくり、安全に暮らすために、照明の種類や配置を考える

ダウンライト

天井に光源を埋め込むタイプで、天井をフラットにしてすっきり見せられる。「集光タイプ」と「拡散タイプ」があり、空間によって光の広がりを演出できる

シーリング照明

天井に直接据え付ける照明で、天井から広い範囲をまんべんなく照らすことができる。メインライトとして使われることが多く、最近ではLEDタイプのものが主流

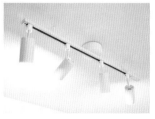

スポットライト

光源を向けた方向を集中的に照らすことができる照明で、壁や天井に光を当て間接照明として使うこともできる。ダクトレールを活用すればおしゃれな空間に

スイッチ・コンセント

暮らしのさまざまな場面で毎日使うスイッチとコンセント
デザインや使いやすさにこだわってみて

スイッチ・コンセント

毎日何気なく使っているスイッチとコンセントにも豊富な種類があり、用途によって選べる。デザインや取付け位置もポイントに

片切りスイッチ

住宅のさまざまな場所に用いられる。スタンダードなデザインで、オン・オフの手応えがあるのが特徴。つまみ状の操作レバーのトグルスイッチも人気

パイロットスイッチ

オンのときに赤色のLEDランプが点灯するスイッチ。外から状況がわかりにくい場所(トイレ・ウォークインクローゼット)などにつけると、ドアを開けずに照明のオン・オフがわかる

ホタルスイッチ

オフのとき緑色のLEDランプが点灯するスイッチ。帰宅時の玄関など、暗い場所でもスイッチの位置がわかりやすく、電気の消し忘れも防止することができる

埋込USBコンセント

スマートフォンなどのUSB対応機器の充電に対応している埋込USBコンセント。家族がスマートフォンを充電する場所やパソコンの近くにおすすめ

換気扇スイッチ

ホタルスイッチとパイロットスイッチが融合したスイッチは、オンで赤、オフで緑色のランプが点滅するため外部照明や換気扇によく使われる

調光スイッチ

照明の明るさの加減を調節することを調光といい、つまみによって調整できる。食事のときは明るく、映画鑑賞のときは照明を落とすなど、シーンに合わせて明るさを演出

センサー付スイッチ

センサーで人を検知して、照明を自動的にオン・オフする。暗がりでスイッチを探さなくてもよく、さらに必要なときにだけ点灯するので節電につながる

ガスコンセント

ガス管に接続できるコンセントプレート。壁押込型、床埋込型、露出タイプと取付方法はさまざまだ。写真のようにコンセントがついているタイプも便利

ペンダントライト

天井からつり下げるタイプの照明がペンダントライト。デザイン性が優れた照明器具のため、室内デザインにこだわるならペンダントライトがおすすめ

コーニス照明

照明を直接壁面にあてて、壁を明るく照らす間接照明。壁やカーテンなど、美しい陰影を織りなす。アクセントウォールに取り入れれば、空間のシンボルに

コーブ照明

折り上げ天井の中に照明器具を設置して、光を天井にあてて間接照明にすることをコーブ照明という。高級感や落ち着いた雰囲気の空間づくりにおすすめ

設備

必要な機能を見極めて
オンリーワンの設備を手に入れよう

キッチン

キッチンは、毎日使う暮らしの中心
自分に必要な機能を見極めてお気に入りの空間をつくろう

システムキッチン

シンク・コンロ・収納・作業台などの設備を組み合わせてつくる、すべてが一体化したキッチンのこと。メーカーごとにこだわりがあり、リフォームの際はサイズや仕様をオーダーメイドで注文できる

流し台

キッチンの流し台だけを選んで、天板やガスコンロ、収納など、カスタマイズする選択も可能。予算やライフスタイルに合わせてシンプルを追求する選択もできる

小物

キッチンの背面収納やパネルなど、システムキッチンに組み合わせて使える小物も多い。システムキッチンとコーディネートできるさまざまなアイテムがある

洗面室

コーディネートを考えるのが楽しい場所
悩んだらSNSも参考にしてみて

洗面化粧台

洗面室などに設置する、洗面ボウル・水栓・鏡・収納が一体になった洗面化粧台。家族の人数、用途、ライフスタイルや収納するものに合わせて選べる。お掃除しやすい洗面ボウルの形状、くもり止めガラスなど機能も豊富

洗面ボウル造作洗面

洗面ボウル・水栓・ワークトップ・鏡・照明まで、すべて自分の好きなように組み合わせてつくる世界に1つの洗面化粧台。シンプルにするもよし、家全体のインテリアに合わせてコーディネートするのも楽しい

浴室

1日の疲れをゆっくりと癒やす浴室
メーカーごとの強みや特徴をチェックしてみて

ユニットバス

あらかじめ浴室の壁、床、天井、バスタブなどのすべてのパーツがセットになっていて、現場で組み立てる浴室のこと。防水性に優れ、工期も短い

トイレ

毎日、家族全員が使う場所だから
デザインや機能にこだわりたい場所

一体型トイレ

タンクレスの
システムトイレ

トイレ

トイレには、タンクが付いた「組み合わせ便器」「一体型トイレ」と、すっきり納まる「タンクレストイレ」がある。また収納や手洗いがセットになった「システムトイレ」も人気。タンクレスは水圧が低い建物では使えないこともあるので注意しよう

仕上げ

リフォームの最後の工程でおこなう工事
収納棚の微調整などは使う人に合わせて
現場で柔軟に対応できる

棚

ものの収納に便利な棚も、用途によって使いわけられる
軽いものを載せるならDIYをするのも楽しい

オープン棚

板を棚受けの金物で固定するだけのシンプルな棚。金物のデザインは豊富にあるので、板の質感と合わせて選びたい。小物などの軽いものを乗せるときにおすすめ

ニッチ

壁の厚みを利用して、壁を凹ませてつくる棚。小物を置く以外にも、家のスイッチをまとめたスイッチコーナーや、壁面テレビを設置するためにつくることもある

可動棚

入れるものに合わせて棚板の位置を移動できる棚のこと。本棚、洋服を入れる棚、シューズクローク、食品庫など幅広い使い道があり、臨機応変に対応できる

デスク

あると便利な
書き物ができるスペース

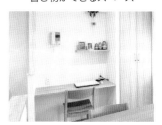

造作デスク

リビングやキッチンの一角にカウンターを造作すると、リビング学習用のデスクやパソコンコーナーに便利。デスクの高さや奥行は使う人に合わせてオーダーできる

ペットのための仕上げ

ペットは家族であり、大切な人生のパートナー
安全に配慮し習性を理解した住まいづくりで、人もペットも心地よい空間に

ペットカーペット

ペットのための専用床材。滑りにくく程よいクッション性で、ペットの足腰を守るペットカーペット。抗菌性能もあり清潔な環境を保つ。汚れにくく、お掃除ラクラク。

ペットドア

ペットが通り抜けられる大きさの小窓が付けられたドア。ペットが安全に自由に家の中を移動できたり冷暖房費が節約できたりと、人と動物の双方にメリットがある

キャットウォーク

高所に設置した猫のための通り道で、運動不足やストレス解消に役立つ。猫の体格や、高齢になっても使えるような配置をしたい。棚付きなどデザイン性の高いものも。猫が歩く姿を見られる猫好きにはたまらないアイテム

破れない網戸

ナイフで切っても破れないステンレス製の破れない網戸は、防犯網戸。鍵がかけられるので、網戸の状態でもペットの留守番を可能にする。また、網戸が破れないのでペットの脱走や飛び出しも防げて安心

わが家のマイスター
HOME REFORM by TOHO GAS

店舗紹介・サービスエリア

わが家のマイスターは、東海3県に限定したリフォーム会社。リフォームを通じてお客さまの理想の暮らしを叶えるために、リフォーム前はもちろん、お引き渡し後のアフターフォローまでサポートできる体制を整えている。気軽に打ち合わせができる「店舗」のほか、暮らしが体感できる「コミュニケーションスペース」も。まずは近隣の店舗に問い合わせてみよう。

わが家のマイスターの店舗は東海3県に25店舗

わが家のマイスターの「店舗」は気軽にリフォームの相談ができる空間だ。打ち合わせスペースのほか3Dのパース作成、豊富なメーカーカタログの展示などを実施。経験豊かなマイスターが在籍しているので、ちょっとした質問や住まいの疑問もプロの立場から的確にアドバイスがもらえる。ホームページや電話で予約をしてから訪問し、家のお困りごとを相談してみよう！

打ち合わせスペース

3Dパース作成

経験豊富なマイスターが担当

愛知県名古屋市内

わが家のマイスター 天白店

〒468-0053 愛知県名古屋市天白区植田南2-212
■TEL／0120-1089-22 ■営業時間／9:00〜18:00 ■駐車場／有
■定休日／日曜、祝日 ■運営／鈴村浴槽株式会社

わが家のマイスター 千種 猪子石店

〒464-0003 愛知県名古屋市千種区新西1丁目3-36
■TEL／0800-200-3740 ■営業時間／9:00〜18:00 ■駐車場／有
■定休日／日曜、祝日(土曜は事前予約) ■運営／東邦ガスセイフティライフ株式会社

わが家のマイスター 千種 星ヶ丘店

〒464-0025 愛知県名古屋市千種区桜が丘17
■TEL／0120-939-336 ■営業時間／9:00～18:00 ■駐車場／有
■定休日／日曜、祝日（定休日は事前予約）■運営／若杉ホーム機器株式会社

わが家のマイスター 名東 本郷店

〒465-0058 愛知県名古屋市名東区貴船3丁目108-1
■TEL／0120-00-1499 ■営業時間／9:00～18:00 ■駐車場／有
■定休日／日曜、祝日（定休日は事前予約）■運営／東海設備工業株式会社

わが家のマイスター 北区 楠店

〒462-0062 愛知県名古屋市北区新沼町148 東邦ガス（株）北事業所1階
■TEL／0120-017-320 ■営業時間／9:00～18:00（17:30以降はお電話にて）
■駐車場／有 ■定休日／日曜、祝日 ■運営／水野住設機器株式会社

わが家のマイスター イオンモールナゴヤドーム前店

〒461-0048 愛知県名古屋市東区矢田南4丁目102-3
イオンモールナゴヤドーム前2階
■TEL／0120-939-881 ■営業時間／10:00～20:00 ■駐車場／有
■定休日／なし（施設に準じます）■運営／若杉ホーム機器株式会社

わが家のマイスター 港店

〒456-0056 愛知県名古屋市熱田区三番町21-9 （株）服部組西館1階
■TEL／0120-097-123 ■営業時間／10:00～18:00 ■駐車場／有
■定休日／日曜、祝日（土曜は事前予約）■運営／さくらリフォーム株式会社

わが家のマイスター 中村 太閤通店

〒453-0811 愛知県名古屋市中村区太閤通5-39
■TEL／0800-200-5260 ■営業時間／10:00～18:00 ■駐車場／有
■定休日／水曜（水曜が祝日の場合、木曜）■運営／東邦ガスセイフティライフ株式会社

わが家のマイスター 西区 小田井店

〒452-0814 愛知県名古屋市西区南川町53
■TEL／0120-470-690 ■営業時間／9:00〜18:00 ■駐車場／有
■定休日／日曜、祝日 ■運営／株式会社油源

愛知県名古屋市外

わが家のマイスター 日進店

〒470-0131 愛知県日進市岩崎町大塚37
■TEL／0120-852-258 ■営業時間／9:00〜18:00(17:30以降はお電話にて)
■駐車場／有 ■定休日／日曜、祝日 ■運営／株式会社テラモト

わが家のマイスター 知多店

〒478-0053 愛知県知多市清水が丘2丁目1010
■TEL／0120-945-771 ■営業時間／9:00〜18:00(17:30以降はお電話にて)
■駐車場／有 ■定休日／日曜、祝日 ■運営／株式会社モリタ

わが家のマイスター 一宮 中央店

〒491-0024 愛知県一宮市富士2丁目1-20
■TEL／0120-370-835 ■営業時間／9:00〜18:00 ■駐車場／有
■定休日／日曜、祝日(土曜は事前予約) ■運営／有限会社マエダガス

わが家のマイスター 稲沢店

〒492-8145 愛知県稲沢市正明寺2-16-5
■TEL／0120-96-0849 ■営業時間／9:00〜18:00 ■駐車場／有
■定休日／日曜、祝日 ■運営／若杉ホーム機器株式会社

わが家のマイスター 小牧店

〒485-0044 愛知県小牧市常普請2丁目279番地
■TEL／0120-262-788 ■営業時間／10:00〜18:00 ■駐車場／有
■定休日／水曜 ■運営／加藤工業株式会社

わが家のマイスター 岡崎北店

〒444-0057 愛知県岡崎市材木町2丁目44番地
■TEL／0120-224-236 ■営業時間／9:00〜18:00 ■駐車場／有
■定休日／日曜、祝日 ■運営／株式会社山本商店

わが家のマイスター 岡崎南店

〒444-0831 愛知県岡崎市羽根北町1丁目2-10
■TEL／0120-939-727 ■営業時間／10:00〜18:00 ■駐車場／有
■定休日／日曜、祝日 ■運営／東邦ガスセイフティライフ株式会社

わが家のマイスター 豊田 挙母店

〒471-0023 愛知県豊田市挙母町5-64
■TEL／0800-200-5650 ■営業時間／9:00〜18:00 ■駐車場／有
■定休日／日曜、祝日（土曜は事前予約） ■運営／東邦ガスセイフティライフ株式会社

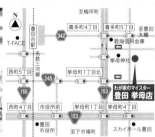

わが家のマイスター 豊田 元城店

〒471-0024 愛知県豊田市元城町2丁目66
■TEL／0120-55-4118 ■営業時間／9:00〜18:00 ■駐車場／有
■定休日／日曜、月曜 ■運営／三河商事株式会社

わが家のマイスター 西尾店

〒445-0852 愛知県西尾市花ノ木町5丁目26
■TEL／0120-240-411 ■営業時間／10:00〜18:00 ■駐車場／有
■定休日／日曜、祝日 ■運営／東邦ガスセイフティライフ株式会社

岐阜県

わが家のマイスター 岐阜北店

〒502-0929 岐阜県岐阜市則武東3丁目2-1
■TEL／0120-08-0321 ■営業時間／9：00〜18：00 ■駐車場／有
■定休日／日曜、祝日 ■運営／株式会社山田商会

わが家のマイスター 各務原店

〒509-0126 岐阜県各務原市鵜沼東町4丁目27-2
■TEL／0800-200-3091 ■営業時間／9：00〜18：00 ■駐車場／有
■定休日／日曜、祝日 ■運営／株式会社浅野商店

三重県

わが家のマイスター 津店

〒514-0033 三重県津市丸之内18-18 ■TEL／0120-37-1835
■営業時間／9：00〜17：00（17：00〜18：00はお電話にて）■駐車場／有
■定休日／日曜、祝日（定休日は事前予約）■運営／株式会社ガスリビング三重

わが家のマイスター 四日市 笹川通店

〒510-0891 三重県四日市市日永西2丁目17-18
■TEL／0120-35-1118 ■営業時間／9：00〜17：00（17：00〜18：00はお電話にて）
■駐車場／有 ■定休日／日曜、祝日（定休日は事前予約）■運営／株式会社ガスリビング三重

わが家のマイスター 松阪店

〒515-0018 三重県松阪市京町一区30-4 東邦ガス(株)松阪事業所内
■TEL／0120-37-1835 ■営業時間／9:00～17:00(17:00～18:00はお電話にて)
■駐車場／有 ■定休日／日曜、祝日(定休日は事前予約)
■運営／株式会社ガスリビング三重

わが家のマイスター 桑名 大山田店

〒511-0902 三重県桑名市松ノ木3-8-1
■TEL／0120-188-756 ■営業時間／10:00～18:00 ■駐車場／有
■定休日／水曜(水曜が祝日の場合、木曜) ■運営／株式会社ガスリビング三重

リアルに体感！

コミュニケーションスペース

わが家のマイスターは、リアルに新しい暮らしが体感できるコミュニケーションスペースが人気。プランの決定までゆっくりと打ち合わせができる。計画中のプランがバーチャルでわかる「VR体感」、理想の暮らしをイメージできる「空間展示」、旬を感じる「シーズンエリア」など見どころいっぱい。

 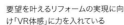 

要望を叶えるリフォームの実現に向け「VR体感」に力を入れている

サイズや素材の質感、色使いなどを確認できる、充実した空間展示

コミュニケーションスペース 星ヶ丘

〒464-0025 愛知県名古屋市千種区桜が丘17
■TEL／0120-969-859 ■営業時間／9:00～18:00 ■駐車場／有
■定休日／日曜、祝日(定休日は事前予約) ■運営／東邦ガス株式会社

コミュニケーションスペース 中村

〒453-0811 愛知県名古屋市中村区太閤通5-39
■TEL／0800-200-5270 ■営業時間／10:00～18:00 ■駐車場／有
■定休日／水曜(水曜が祝日の場合、木曜) ■運営／東邦ガス株式会社

コミュニケーションスペース 桑名

〒511-0902 三重県桑名市松ノ木3-8-1
■TEL／0120-41-1813 ■営業時間／10:00～18:00 ■駐車場／有
■定休日／水曜(水曜が祝日の場合、木曜) ■運営／東邦ガス株式会社

わが家のマイスター
HOME REFORM by TOHO GAS

リフォームで、暮らしを明るく、あたたかく。

暮らしのことを相談できる、将来のことも考えてくれる、親身になって、力を貸してくれる。

そんな当たり前のことが、このリフォーム業界でもっと広まってほしい。

地域のマイスターがそこに住まう人たちの「気持ち」に寄り添って、

今も未来も見据えた住環境をご提案します。

さあ、マイスターに相談して快適な「わが家」へ。

わが家のマイスターは「東邦ガス」のリフォーム専門ブランドです。
まるで、あなたのおうちの専門家のように、ずっと見守る、すぐに役に立つ、
安心のパートナーとして、お気軽にご相談ください。

わが家のマイスター3つのこだわり

1
担当マイスターが
親身になってご対応

リフォームの専門家として、ご相談に1つ1つ丁寧に向き合い、お客さまの理想の「くらし」を叶えます。まずはあなたの夢や理想を教えてください。

2
3Dプランで
ご提案

図面やパースに加え3DCGでリフォームの完成イメージをご覧いただけます。お客さまの暮らしやご要望にフィットしているかをリアルな情報で確認できます。

3
地域密着による
迅速対応!

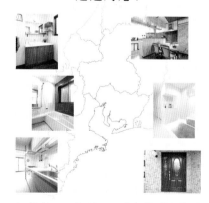

わが家のマイスターは「東邦ガス」のリフォーム専門ブランドです。この地域に根ざし、この地域を熟知したマイスターに安心してお任せください。

わが家のマイスター 安心サポート

私たちは、リフォームに関わるさまざまなサービスを実施しています。
リフォーム後もずっと安心して暮らすための定期点検や設備の保証のほか、
リフォーム前の大きな家具の移動などきめ細やかにサポートいたします。

定期点検制度

リフォーム工事後は通常「1カ月」「12カ月」の時点で無償点検を実施いたします。システムキッチン、システムバスはさらに「6・18・24カ月」点検を実施。

設備の10年間延長保証

リフォーム工事をおこなう設備について、設備メーカーの保証期間にプラスして最長10年までの長期保証あり。(有料サービスのためご希望のお客さまのみ加入)

くらしまわりお役立ちサービス

リフォーム工事前に必要に応じて家具移動をお手伝い。ご希望に応じてホームリペアや、ハウスクリーニングなどもご対応いたします。(有料)

見積りの迅速対応

リフォームの見積りは、お客さまにご提出予定日をあらかじめお伝えしています。書面で、誰にでもわかりやすい見積り項目を心がけています。

施工体制の事前紹介

お客さまの家のリフォームをお任せいただくために、実際に工事をおこなう施工体制にもこだわっています。信頼している協力会社とともに前もってご挨拶いたします。

各種制度申請アドバイス

各自治体にリフォームの補助金・助成金があり、最近は国土交通省主導の省エネ住宅向けの支援事業も盛んです。そのための申請アドバイスもお任せください。

わが家のマイスター リフォームメニュー

フルリフォーム

家族構成が変わって間取りを住みやすく変えたいなど、家全体のリフォームのご相談からアフターケアまでお手伝い

水まわりリフォーム

毎日の暮らしに欠かせない設備だからこそこだわりたい。生活の質をあげる水まわりリフォームをご提案

内装リフォーム

壁紙やフローリングの張替え工事など内装工事もお任せください。イメージに合ったデザインでご提案

外装リフォーム

外壁・屋根や玄関まわりなど、家の外まわり(外構・エクステリア)リフォームを、マイスターがご提案

小さなお困りごともご相談ください

●水栓・シャワーヘッドの取替え　●網戸の貼替え　●LED照明の設置　●換気扇・レンジフードの取替え　●食器洗い乾燥機の取替え　●シロアリ駆除　●畳の表替え、ふすま・障子の貼替え　●温水洗浄便座の取替え　●エアコン取付け　●手すりの取付け　など

リフォームの教科書

2023年2月24日発行 |愛知|岐阜|三重|

STAFF

発 行 人　田中朋博（株式会社ザメディアジョン）

編 集 人　乃万郁美（株式会社ザメディアジョン）

編集・執筆　高橋かずえ（はぐくむ株式会社）
　　　　　　根上ひとみ（はぐくむ株式会社）
　　　　　　別當知代（はぐくむ株式会社）
　　　　　　渋谷有紀（はぐくむ株式会社）

校 　 閲　大田光悦（株式会社ザメディアジョン）

デザイン　吉村基弘（village Design）

販 　 売　細谷芳弘（株式会社ザメディアジョン）
　　　　　　菊谷優希（株式会社ザメディアジョン）

発 　 行　株式会社ザメディアジョン
　　　　　　〒733-0011 広島県広島市西区横川町2-5-15
　　　　　　Tel.082-503-5035
　　　　　　https://mediasion.co.jp

印刷・製本　クリエイティブ事業部ラック有限会社

【個人情報の取り扱いについて】

①当社では読者のみなさまの個人情報を取り扱うにあたり、個人情報保護に関する関係法令、および社内諸規定を遵守します。今回のアンケートハガキの結果は本誌編集の記事制作の参考にさせていただき、個人情報は各社への資料請求及びプレゼント発送にのみ利用させていただきます。
その情報は責任をもって管理し、本人の了承なく、第三者に提供することはありません。

②読者ご本人の意思により、第三者（資料請求先企業を含む）への個人情報を提供した場合、当社は提供先における個人情報の利用に関して責任を負わないものとします。

③お知らせいただいた個人情報の訂正・削除、およびアンケート協力不可への変更は株式会社ザメディアジョン「個人情報相談係」（tel.082-503-5035）までご連絡ください。（土・日曜・祝日をのぞく10:00〜18:00）

ISBN978-4-86250-762-4　C0077　¥520E